D1149838

# PROFESSION
# Mère
## de famille

# PROFESSION
# Mère
## de famille

**Hélène Lucas**

**éditions sylvain harvey**

Catalogage avant publication de Bibliothèque et Archives Canada

Lucas, Hélène, 1960-

Profession mère de famille

Comprend des réf. bibliogr.

ISBN 2-921703-75-0

1. Mères. 2. Éducation des enfants. 3. Travail et famille. 4. Lucas, Hélène,
1960- . I. Titre.

HQ759.L82 2006          306.874'3          C2006-941715-6


Révision linguistique : Carole Noël
Conception de la page couverture et mise en pages : Interscript
Impression : Marquis Imprimeur

*Profession mère de famille*
2006 © Éditions Sylvain Harvey
ISBN 2-921703-75-0

Imprimé au Canada

Dépôt légal – Bibliothèque nationale du Québec, 2006
Dépôt légal – Bibliothèque et Archives Canada, 2006

Éditions Sylvain Harvey
Téléphone : 418 692-1336 (région de Québec)
Sans frais : 1 800 476-2068 (Canada et États-Unis)
Courriel : info@editionssylvainharvey.com
Internet : www.EditionsSylvainHarvey.com

Distribution en librairie au Canada :
Distribution Ulysse
Téléphone : 514 843-9882, poste 2232
Sans frais : 1 800 748-9171
Courriel : info@ulysse.ca

Les Éditions Sylvain Harvey remercient la Société de développement des
entreprises culturelles du Québec (SODEC) pour son aide à l'édition,
à la promotion et à la traduction.

Gouvernement du Québec – Programme de crédit d'impôt pour l'édition
de livres – Gestion SODEC

Nous reconnaissons l'aide financière du gouvernement du Canada par
l'entremise du Programme d'aide au développement de l'industrie de l'édition
(PADIÉ) pour nos activités d'édition.

*À ma mère*

Profession : « Activité régulière
exercée pour gagner sa vie »

*Le Petit Larousse illustré*

# Table des matières

# Avant-propos

La profession de mère de famille est parmi celles pour lesquelles il n'existe aucun cours de formation et dont on obtient la reconnaissance seulement à la retraite. L'apprentissage n'est possible qu'à travers les difficultés, les incertitudes et les incessantes remises en question. L'engagement total dans la tâche est essentiel pour l'obtention du diplôme le plus significatif pour notre espèce.

Hélène Lucas

# 1

# « Et toi, qu'est-ce que tu fais de beau ? »

Chaque fois que je me fais poser cette question, je ressens le même malaise et la même hésitation avant de répondre. Après toutes ces années à réaliser mon souhait – c'est-à-dire élever mes enfants et profiter au maximum de leur présence –, je suis encore embarrassée d'avouer que je ne travaille plus, que je suis une mère au foyer malgré mes aptitudes et mon potentiel professionnel. Pourtant, ceux qui me connaissent bien savent à quel point ma décision d'arrêter de travailler à l'arrivée de mon deuxième enfant était réfléchie. C'est encore à ce jour la meilleure décision que j'ai prise en ce qui concerne ma vie familiale et professionnelle.

Bien que j'aie toujours eu un esprit de gagnante et le désir de prouver que je suis capable de relever des défis, j'adore être une mère de famille et je tiens à être présente à tous les moments importants de la vie de mes enfants. Je crois que ma disponibilité me permet de faire un travail essentiel d'écoute auprès d'eux. Leur développement m'émerveille et m'incite à m'instruire continuellement sur la psychologie des enfants, sur les rapports familiaux et sur tout ce qui se rapporte à l'évolution de l'être humain.

Bien que je sois en retrait du marché du travail depuis près de dix ans, je ressens encore cette gêne à avouer que je ne suis qu'une mère de famille, que je reste à la maison pour prendre soin de mes enfants. Je ressens cette gêne face à la plupart des femmes qui concilient travail et famille. Il est très lourd à porter le legs de la génération des femmes libérées et émancipées. Faut-il vraiment se sentir coupable de vouloir mener à bien le travail le plus important d'une vie ?

Certains facteurs suscitent cet état d'âme. D'abord, à notre époque, peu de femmes se permettent un retour au foyer. Peu de mères évoluant dans un contexte familial propice prennent la décision de se mettre ainsi en marge de la société hyperproductive dans laquelle nous vivons. Ensuite, cette société féministe soi-disant émancipée condamne le message que je transmets ainsi aux jeunes femmes en devenir. Il leur faut à tout prix acquérir l'indépendance de pensée, d'action et surtout financière. Ne jamais dépendre de quelqu'un d'autre surtout pas de leur mari pour subvenir à leurs besoins. Enfin, notre société éprouve un certain mépris pour la recherche du plaisir et la nécessité de s'abandonner à l'oisiveté de temps en temps pour refaire le plein d'énergie et de créativité. Si on n'est pas une femme ensevelie sous la pression de la conciliation travail-famille, on est une privilégiée, une profiteuse, voire une paresseuse.

Quoique ces facteurs me permettent de rationaliser mon malaise, il me reste encore à expliquer mes propres préjugés envers ma décision de quitter un emploi bien rémunéré dans lequel je me valorisais et qui m'apportait beaucoup de contacts humains stimulants et bénéfiques pour mon équilibre.

Je crois bien qu'il me faille remonter jusqu'à ma grand-mère Alice pour en trouver la source. Cette femme a mis treize enfants au monde, le dernier étant orphelin de père à la naissance. Elle a malgré elle transmis à sa fille aînée son impuissance à prendre la maîtrise de sa vie et sa vulnérabilité émotive et financière vis-à vis son mari. Sa fille aînée, ma mère, avait alors pris la ferme décision de ne jamais devenir à ce point dépendante d'un homme comme le fut ma grand-mère.

Ma situation est différente, car je ne suis pas habitée par cette crainte de dépendance. De plus, je sais fort bien que mes enfants ont beaucoup bénéficié de ma décision, particulièrement dans les premières années de leur vie.

Certains facteurs sont favorables à ce choix familial. D'autres comme la présence d'un conjoint et une situation financière stable sont essentiels. Cependant, les remises en question sur la valorisation du rôle de la mère de famille sont indépendantes de ces facteurs. Ma réflexion porte sur cet aspect de la question qui fait l'objet du présent ouvrage.

À l'opposé de ma situation, certaines mères ayant la possibilité de choisir poursuivent leur carrière tout en prenant soin de leur famille. Pour elles, ce choix est essentiel à leur bien-être et à leur épanouissement.

Je soupçonne cependant que la majorité d'entre elles ressent de la culpabilité devant la difficulté de cumuler les deux rôles. Pour ma part, j'ai choisi d'être de l'autre côté du champ de bataille et je préfère douter de ma valeur plutôt que de me reprocher d'avoir manqué plusieurs moments importants de la vie de mes enfants. La réalisation d'objectifs professionnels et la satisfaction de la réussite ne font pas le poids contre le bien-être de mes enfants.

« Quand j'étais petite, ma mère n'avait pas le temps de travailler à l'extérieur, elle avait trop d'ouvrage à la maison. »

Les enfants d'aujourd'hui pensent au contraire que leur mère n'a pas le temps de s'occuper d'eux car elle a trop d'ouvrage au bureau.

# L'impact des années 60 : la libération des femmes

## Le contexte familial

Lorsque j'étais enfant, mon père travaillait à l'extérieur et ma mère restait à la maison pour s'occuper de nous. À cette époque, au début des années soixante, encore peu de mères de famille cumulaient les deux fonctions. Cependant, la mienne portait en elle des blessures qu'elle a combattues toute sa vie en ce qui a trait à son indépendance. Elle ne fut pas du mouvement féministe qui a connu un essor dans les années soixante-dix, car elle devait mener sa propre bataille. Étant l'aînée d'une famille nombreuse, elle dut prêter main forte à sa mère et devenir elle-même une figure maternelle pour ses jeunes frères et sœurs pour pallier les difficultés familiales. Sa déception fut profonde lorsqu'elle fut forcée d'abandonner l'école à quatorze ans. Ces années difficiles lui ont créé des moments d'angoisse et de désespoir et ce tournant de sa vie a changé sa vision de la maternité.

Après ma naissance, il y a quarante-cinq ans, elle était bien trop absorbée par la tâche pour envisager de travailler à l'extérieur, et c'était encore monnaie courante que les mamans restent à la maison pour s'occuper de leurs enfants. Elle me confia que lors de chacune de ses grossesses, les émotions négatives qui l'avaient habitée durant ses années difficiles auprès de sa mère et de ses frères et sœurs revenaient la tourmenter et remettre en question ses capacités à faire face à la situation. Bien que ce ne fût jamais le cas, elle craignait d'être prise au piège comme sa mère l'avait été, seule et sans revenu pour subvenir aux besoins d'une trop grande famille. Heureusement, dès que l'accouchement était passé et qu'elle rentrait à la maison avec son poupon et son mari, ses angoisses disparaissaient et elle retrouvait son énergie et son enthousiasme pour s'occuper de sa famille.

Elle prenait son rôle parental très au sérieux et je crois qu'elle s'accordait rarement la permission d'en profiter et d'en tirer du plaisir. Je pense que l'expérience de sa mère qui a élevé pratiquement seule ses treize enfants l'a inconsciemment portée à reproduire ce modèle dans sa relation avec nous. Sa préoccupation du devoir à accomplir me semble avoir empiété sur les occasions de se divertir en notre présence. Peut-être en a-t-elle pris conscience peu avant mon entrée à l'école.

Soucieuse de me fournir un environnement social stimulant pendant que ma sœur et mon frère fréquentaient déjà les classes primaires, elle m'avait inscrite dans une école privée pour enfants n'ayant pas atteint l'âge de la première année. À l'époque, les maternelles publiques n'existaient pas. Encore à ce jour, j'ai une image très nette de la petite classe située dans une maison privée ainsi que du petit autobus scolaire qui m'y conduisait tous les jours. Dans mon souvenir, il me semble que j'aimais bien les activités proposées par la responsable. Prétextant que c'était trop difficile pour moi de me lever de si bonne heure et de suivre le programme, ma mère m'avait rapidement retirée de cette école après seulement quelques semaines. J'en ai pourtant gardé un souvenir agréable et positif et je la soupçonne d'avoir réalisé qu'elle était en train de perdre sa petite dernière qu'elle avait envie de garder avec elle encore un peu, jusqu'au début des classes l'automne suivant.

Durant toute mon éducation primaire, ma mère était à la maison et combattait ses angoisses de jeunesse. Bien que mon père ait toujours travaillé et gagné un salaire suffisant pour subvenir à nos besoins, elle sentait encore ce besoin d'indépendance financière qui nous protégerait en cas de malheur. Pour contrer sa peur de manquer d'argent, elle avait trouvé une solution intéressante en acceptant du travail à la maison. Elle faisait de la sollicitation téléphonique pour de grandes entreprises. Elle parcourait l'annuaire téléphonique et contactait chaque abonné pour lui offrir les cartes de crédit de compagnies reconnues. Hé oui! La sollicitation téléphonique si irritante aujourd'hui en était à ses premières heures dans les années soixante. Je la revois encore assise devant la machine à coudre qui lui servait de table de travail avec le vieux téléphone noir à cadran et ses pages d'annuaire dont elle rayait systématiquement les noms dès que les personnes avaient été sollicitées. C'était certes une source de revenus additionnels pour mes parents, mais ce n'était sans doute pas suffisant pour ma mère. Pendant qu'elle travaillait à la maison tout en prenant soin de sa famille, elle s'est également inscrite aux cours du soir durant plusieurs années pour terminer son secondaire.

Je devais être dans la préadolescence lorsqu'elle a fait le grand saut et qu'elle a trouvé un emploi à l'extérieur. D'abord dans une buanderie, chez Monsieur Sans-Tache, un emploi à temps partiel. Ensuite dans un organisme gouvernemental où elle occupait un emploi qui lui plaisait et où elle a pu s'épanouir en cheminant dans son plan de carrière jusqu'à l'âge de la retraite.

Je sais aujourd'hui que cette démarche était essentielle pour son équilibre mais je me rappelle cependant des émotions que j'ai ressenties lors de ce changement important de notre vie familiale. J'aimais que ma mère soit à la maison pour prendre soin de moi et, surtout, son absence m'affectait lorsque je rentrais de l'école. Malgré la présence de ma sœur et de mon frère plus âgés que moi, je ressentais un vide et une impression de solitude. Il suffisait qu'elle mette le pied sur le palier pour que je ressente ce soulagement si coutumier des fins d'après-midi. C'était comme le soleil après la pluie. J'ai encore le souvenir des journées où, pour cause de maladie bénigne, maman me gardait à la maison. J'adorais ces journées. Elle me préparait de petits goûters légers genre bouillon de poulet, toast aux bananes et l'incontournable chocolat chaud. Elle m'installait devant la télé avec une couverture et j'avais le droit de regarder le film du midi en noir et blanc. *Joselito, le petit chanteur à la voix d'or* était mon préféré. Ces journées passées seule avec elle étaient un petit morceau de bonheur. En fin de compte, elle a eu bien raison de me retirer de cette école privée pour me permettre de profiter encore un peu de sa présence bienfaisante. Elle devait déjà savoir bien des choses que j'ai moi-même apprises au fil du temps. Aujourd'hui, je profite à plein de son expérience sur le marché du travail. Elle a acquis des connaissances qu'elle a su me communiquer avec le temps. Étant elle-même très intéressée par l'écriture, je lui dois certainement un peu de mon intérêt pour cette activité qui m'apporte à mon tour une part de plaisir et de valorisation personnelle. Le fruit ne tombe jamais bien loin de l'arbre.

## La famille d'aujourd'hui

Mes enfants, les deux merveilles de mon monde, ont pris un bon départ dans la vie. Quoique je ne sois pas d'accord avec le docteur Fitzhugh Dodson qui affirmait que *Tout se joue avant six ans*, mon mari et moi avons pris soin d'eux et nous avons investi beaucoup d'attention et toute notre affection dans leur développement. Malgré leur jeune âge, ils sont déjà remplis de confiance et de notions de tout acabit et leur coffre à outils est bien garni. Je suis persuadée que je n'aurais pas pu les enrichir autant sur les plans émotif et intellectuel si j'étais demeurée sur le marché du travail pendant leurs premières années.

J'ai commencé à travailler à l'âge de dix-sept ans après avoir terminé des études secondaires. J'ai cumulé tour à tour des emplois de secrétaire, de conseillère en informatique et de représentante publicitaire. J'ai toujours eu confiance que je pouvais convoiter des emplois plus intéressants et ma détermination et mon ardeur au travail m'ont permis de réaliser mes ambitions.

C'est au début de la trentaine que le besoin d'avoir des enfants s'est fait sentir. J'étais mariée depuis plusieurs années et je considérais que mon conjoint était un être intéressant, possédant un grand sens des valeurs et de belles qualités. J'étais persuadée qu'il ferait un excellent père et j'avais vu juste. C'est dans mon milieu de travail que j'ai croisé le chemin de celui qui est devenu mon compagnon de vie. Mis à part qu'il était brillant et très séduisant, nous avions plusieurs points communs essentiels pour cheminer côte à côte durant plus de vingt ans maintenant. Nous avions tous deux des notions importantes de respect, de valeurs humaines et d'ambition ainsi qu'une vision familiale qui s'est dessinée bien plus tard dans notre relation. J'ai eu le sentiment que nous devions transmettre tout ce bagage à une nouvelle génération. Nos enfants sont nés après dix ans de mariage et leur venue a changé à jamais mes priorités dans la vie. Dans cet ouvrage, c'est à dessein que je fais abstraction des impressions de mon mari – la plupart du temps –, car cet essai constitue un recueil d'impressions personnelles face à la difficulté pour les mères de choisir entre la carrière et la famille.

Mes enfants sont en quelque sorte mon prolongement, les témoins de mon passage ici-bas et, ainsi, un peu de moi se perpétuera dans leur génération et dans les suivantes. Avoir des enfants me donne une impression d'immortalité. Je serais triste de penser que je mourrai un jour sans laisser de descendance. C'est par pur égoïsme que j'ai eu mes enfants, mais ce n'est pas par générosité que je m'occupe d'eux comme je le fais. C'est par pur bonheur.

Bien que j'aie eu de l'affection pour mes neveux et nièces, je n'étais pas attirée par les enfants avant d'être mère. Je ne ressentais pas l'envie de les cajoler et j'étais plutôt mal à l'aise en leur présence, ne sachant pas comment interagir avec eux. Au début de notre mariage, je ne ressentais pas non plus le désir d'avoir des enfants et mon mari semblait sur la même longueur d'ondes. C'est vers trente ans que j'ai changé. Pendant les dix premières années de notre vie de couple, j'ai eu tout le loisir de satisfaire mes désirs et mes intérêts. J'ai eu la possibilité d'effectuer des changements de carrière stimulants et de relever de nouveaux défis. Nous avons eu la chance de voyager et de satisfaire notre goût de la découverte et de l'aventure et nous avions également une vie sociale active. Puis, peu à peu, j'ai commencé à prendre conscience de la futilité de ma vie. J'avais acquis toutes sortes de notions et d'expériences au cours de mes trente années et je ressentais maintenant l'envie de partager tout ce bagage avec quelqu'un qui pourrait en profiter, un enfant par exemple. Mon mari semblait lui aussi prêt à transmettre ses valeurs et ses connaissances à sa descendance. J'ai réalisé qu'il n'avait jamais été contre l'idée d'avoir des enfants, même au début de notre mariage. Cependant, il appréciait sa liberté et respectait la mienne, si bien que les années ont passé sans que nous n'abordions directement la question de la famille.

C'est lors d'un inoubliable voyage à Venise que notre avenir parental s'est dessiné avec clarté. Nous étions à mon sens dans un des plus beaux endroits du monde sur une superbe terrasse donnant sur le Grand Canal. Les lueurs de la pleine lune caressaient le profil de l'église San Giorgio Maggiore. Le spectacle des gondoliers voguant tout près de nous avec leurs passagers, sous le charme eux aussi, rendait ce moment magique. Cet instant s'est fixé dans ma mémoire avec le romantisme de l'endroit, les nappes blanches, les chandelles, les sérénades et l'effet du cépage qui nous était servi. À cet instant précis, il m'apparut que nous avions réalisé nos objectifs de jeunes adultes ; nous avions rencontré l'âme sœur, nous avions de belles carrières, un toit sur la tête et de merveilleux souvenirs de voyage. De concert, nous avons consciemment fait le choix de devenir des parents attentionnés, intéressés et surtout impliqués dans tous les aspects de la vie de nos futurs trésors. Il était clair que nous en aurions plus d'un, car nous sommes tous deux les cadets de nos familles et nous étions persuadés que le plus beau cadeau qu'on puisse offrir à un enfant, c'est le bonheur d'avoir un ami pour la vie, à savoir un frère ou une sœur.

J'essaie de décrire cet instant avec le plus de détails évoquant les émotions du moment pour en faire un legs à mes enfants. On a beau chercher les meilleurs livres d'histoires, rien n'est plus exaltant pour un enfant que d'entendre ses parents lui raconter une histoire qui le concerne. Comme celle-ci est à la base de leur conception, je crois bien qu'ils apprécieront que je l'aie notée quelque part avant que ma mémoire ne l'oublie.

Ce moment était peut-être magique, mais l'arrivée des enfants dans notre vie l'était bien davantage, et ils représentent aujourd'hui notre plus belle réalisation. Bien sûr, notre train de vie a pris un virage à cent quatre-vingts degrés depuis leur naissance. Ce beau voyage ainsi que notre vie sociale ont été relégués au chapitre des souvenirs. Cependant, nous avons gagné la chance de redécouvrir tout ce que nous connaissions à travers les yeux de nos enfants. Notre mobilier et nos objets de valeur ont été remplacés par des montagnes d'articles fonctionnels en plastique coloré indestructible. Une grasse matinée est maintenant une denrée rare largement compensée par le sourire radieux d'une frimousse qui a hâte que je me lève pour partager avec moi son univers.

Je réalise que nous avons endossé notre rôle parental avec une vision bien différente de celle que nous aurions eue dix ans plus tôt. Bien que notre apparence physique demeure sensiblement la même entre vingt et trente ans, nos expériences et notre maturité nous permettent d'évoluer tout autant dans cette décennie que dans celle de l'adolescence. À mon point de vue, ces dix années représentaient jusque-là la plus belle période de ma vie. Je jouissais enfin de mon indépendance, mes capacités physiques étaient à leur meilleur et l'avenir était devant moi.

J'ai donné naissance à mon premier enfant à l'âge de trente-trois ans. J'avais eu le temps de cheminer dans mon développement personnel, dans mes relations avec mon mari, ma famille et mes amis. J'avais évolué dans ma carrière et j'avais profité abondamment de mes loisirs et des bienfaits de l'activité physique. Je peux dire que j'avais fait le tour de mon jardin et que j'étais prête à passer à l'étape suivante. J'avais investi ces dix dernières années à prendre soin de moi et de ma relation avec mon mari. J'étais au centre de mes préoccupations et j'avais satisfait la plupart de mes besoins émotifs et matériels.

Mettre des enfants au monde est certainement une des choses les plus faciles à faire. Élever des enfants, par contre, est un travail au moins aussi exigeant que la plupart des emplois rémunérés. Avant d'être mère, je me doutais que je devrais y consacrer plus que mes soirées et fins de semaine si je voulais réussir dans cette nouvelle carrière, sachant bien qu'elle comportait des tâches enrichies avec un salaire appauvri.

L'instinct maternel était un concept abstrait pour la jeune femme que j'étais à l'époque. Je sais exactement à quel moment ce sentiment s'est clarifié dans mon esprit. Il m'a frappée en plein cœur, comme un autobus sans frein dévalant une pente glacée du Québec pendant une grève des services de la voirie! Ce fut le lendemain de mon premier accouchement. La veille, je tentai tant bien que mal de jouer mon rôle de mère, sans grand succès, à cause de complications médicales. Après avoir reçu la visite de parents et amis, je me retrouvai seule, le soir, allongée dans mon lit d'hôpital, et je fus submergée par une vague d'angoisse et de peur d'avoir fait la plus grosse erreur de ma vie et de ne pas être à la hauteur de mon rôle de mère.

J'ai alors craint avoir gâché la vie de plusieurs personnes. D'abord, ce petit enfant qui n'avait rien demandé se retrouvait avec une mère incapable de lui prodiguer les soins élémentaires. Je n'arrivais même pas à le nourrir, car je ne pouvais pas rester assise plus de cinq minutes consécutives. Puis mon mari qui, bien évidemment, comptait sur moi et que j'avais berné en lui laissant croire que je serais une bonne mère. Ma famille aussi qui, tôt ou tard, découvrirait la supercherie. J'avais toujours été une figure de force et de réussite et maintenant, je n'étais plus qu'échec et honte. Ce fut ma première crise d'angoisse et peut-être la plus puissante de toute ma vie.

Heureusement, je suis une fille du matin. À mon réveil, le beau soleil et les trente degrés aidant, je n'avais qu'une envie (sans vouloir faire de jeu de mots car je souffrais de rétention urinaire) : je voulais passer le reste de ma vie à tenir ce petit ange dans mes bras et être témoin de ses moindres respirations. Dire que quelques années plus tard, j'aurais payé cher pour m'en débarrasser quelques heures, le temps de respirer un peu, quand la tâche m'apparaissait au-dessus de mes forces.

L'instinct de materner cet enfant m'est venu tout naturellement en le regardant, en humant son odeur chaude lorsqu'il était blotti tout contre moi, en m'émouvant de sa vulnérabilité et de sa dépendance. Dès ses premiers jours, j'étais souvent envahie par une profonde émotion, un mélange de bonheur intense et d'angoisse qui ne manquaient pas de me tirer les larmes. Encore aujourd'hui, il m'arrive d'être émue en regardant mes enfants ou en évoquant certains souvenirs les concernant.

Après dix jours d'hospitalisation, je suis enfin rentrée chez moi avec mon mari, mon petit trésor et toute ma confiance retrouvée. Je me sentais alors tout à fait apte à jouer mon nouveau rôle de mère et à en assumer la responsabilité. C'était le début d'une belle aventure remplie d'émotions et de découvertes.

Malgré le manque de sommeil et les situations qui se présentaient au fur et à mesure, j'évoluais très facilement dans mon nouvel environnement. L'amour que je ressentais pour mon fils était incomparable et inconditionnel. Bien que mon mari et moi soyons tous deux tombés amoureux de notre fils en apercevant son profil pour la première fois lors de l'échographie de routine, vers la quinzième semaine de grossesse, j'étais émerveillée de constater la puissance des sentiments que j'éprouvais pour lui.

## Le retour au travail

Six mois se sont ainsi écoulés avant que je réintègre mon milieu de travail. Je ne peux pas dire que j'ai trouvé la séparation pénible. Malgré mon attachement, j'étais heureuse de retrouver mon monde adulte, mes confrères et consœurs, mes clients, mes défis et mes revenus. Bien sûr, le travail de représentation exigeait beaucoup d'heures supplémentaires le soir, après le coucher du bébé. Ce qui me semblait contre nature cependant était de laisser une autre personne que moi être témoin de l'évolution de mon fils. Déjà à ce stade de sa vie, j'étais déçue de ne pas partager avec lui tous ces beaux moments de découverte et de ne pas être entièrement le centre de son univers. Je devais assumer cette culpabilité de la mère qui presse son petit le matin pour l'abandonner dans les bras d'une gardienne avec laquelle il développe des liens affectifs importants.

J'ai rapidement réalisé que le travail d'une mère de famille requérait infiniment plus de soins que les fonctions de représentante que j'occupais à ce moment. Cette fois, le développement d'un être humain en dépendait. Je suis une perfectionniste qui s'assume. J'ai besoin de m'attarder aux petits détails pour parvenir à effectuer mon travail avec efficacité et avec le sentiment du devoir accompli. Comme je devais déployer toute mon énergie dans le cadre de mon emploi, comment aurais-je pu être du même coup aussi efficace dans mes fonctions maternelles?

Pour accomplir ma tâche de représentante selon mes critères de qualité, j'avais développé des habitudes de travail particulières pour que mes clients aient l'impression que j'étais leur collaboratrice plutôt qu'une représentante parmi tant d'autres. Par exemple, après chaque rendez-vous et même après chaque conversation téléphonique, je prenais le temps de noter l'essentiel de nos discussions pour qu'ils sentent que j'étais attentive à leurs besoins. Il s'agissait là d'une initiative personnelle qui me permettait de satisfaire à mes propres attentes.

C'est ce souci du détail qui me permet d'être à la hauteur de mes attentes et les mêmes attentes m'habitent dans ma relation avec mes enfants. Ce désir de bien faire les choses et surtout de ne pas rater mon coup m'a guidée vers la décision de devenir mère à temps plein.

Mon engagement total auprès de mes enfants permettait également de faciliter notre vie de famille. De plus, je ne voulais pas risquer d'être médiocre au travail ainsi qu'à la maison. Chacun à un moment de sa vie est confronté à ses limites. Mon caractère consciencieux me dictait d'éviter de m'engager dans plus d'une entreprise d'envergure à la fois. J'ai donc quitté mon emploi peu de temps après avoir constaté ma deuxième grossesse. Je voulais profiter pleinement de mon *terrible two* avant l'arrivée du petit frère qui anéantirait à jamais son statut de fils unique et de petit roi. Pour rien au monde je n'aurais manqué cette période de ma vie et de la sienne. En rétrospective et sans fausse modestie, n'eût été de cette sage décision, mes responsabilités familiales et mon rendement professionnel auraient été compromis et mes jeunes enfants en auraient payé le prix. J'ai la conviction que mon implication complète auprès d'eux a été déterminante pour leur développement et pour le mien. Ce contexte exclusif a favorisé l'épanouissement tant des enfants que de la maman.

Mon travail de représentante comptait beaucoup, et l'opinion que mes supérieurs, collègues et clients avaient de moi était mon carburant. Tout bon gestionnaire sait bien que le salaire d'un employé n'est pas un facteur motivant (mais devient un facteur démotivant lorsque insuffisant). C'était tout à fait vrai dans mon cas, car c'était la reconnaissance de la qualité de mon travail qui me rendait fière et qui me donnait le goût de me lever tous les matins pour prouver encore que j'étais à la hauteur de la situation et que je continuais jour après jour à relever les défis qui se dressaient devant moi.

Je me rappelle avoir écrit la phrase suivante dans les lettres que je joignais à mon curriculum vitæ: « Je ne me laisse jamais bercer par le hasard et je suis dirigée par la ferme intention de réaliser mes objectifs. » Je dois rendre à César ce qui lui revient, car mon mari avait composé cette belle phrase tout à fait évocatrice de ma personnalité. J'ai toujours su que le succès venait couronner les efforts et la détermination. J'ai côtoyé au fil de mes emplois des gens exceptionnels pour qui le succès venait plus facilement parce qu'ils avaient su tirer profit d'un talent ou d'un don particulier. C'est grâce à mon acharnement et à l'expérience durement acquise que j'arrivais à réaliser mes objectifs.

## La réalité

Lorsque j'ai réintégré mon emploi après la naissance de mon fils aîné, j'ai pris soin de bien planifier toutes les tâches familiales à accomplir. Je tentais de quitter le bureau à une heure raisonnable, ce qui n'était pas particulièrement bien vu par mes confrères et consœurs, car nous avions l'habitude de travailler souvent après les heures normales. J'avais établi des menus pour les repas de toute la semaine que je devais cuisiner le dimanche et je préparais aussi toute la nourriture pour bébé. J'essayais d'être une très bonne maman en suivant à la lettre ce que les livres des grands spécialistes m'incitaient à faire, comme par exemple respecter une routine régulière pour les soirées : repas, jeux, bain, histoire et dodo. J'aurais été la maman parfaite si mon fils avait bien voulu collaborer un peu ! Je suppose qu'il serait plus utile de faire lire ces bouquins par les enfants plutôt que par les parents, car j'ai éprouvé beaucoup de frustration tout au long de la route. J'avais l'esprit en paix lorsque j'arrivais à faire à peu près ce que j'avais planifié. Par contre, je sombrais facilement dans l'irritation et l'anxiété lorsque j'étais débordée par les tâches non accomplies et le temps qui passait trop vite. Ces grands spécialistes de l'éducation des enfants négligent trop souvent de rappeler aux jeunes mères

qu'elles ont le droit d'improviser et de réagir selon les
situations qui se présentent plutôt que d'essayer de tout
régenter d'avance. J'ai relâché un peu le contrôle
depuis quelques années et mon univers ne s'est pas
encore écroulé. Je dirais même que mon attitude dé-
tendue face à ce qui n'a pas été accompli se reflète sur
mes enfants et aussi sur mon conjoint. J'apprends encore tous les jours à accepter le rythme de chacun et à
leur laisser plus de latitude dans les tâches qu'ils ont à
faire. Je pourrais les exécuter bien mieux et bien plus
vite, mais l'important c'est qu'elles soient faites et
qu'on ait évité la crise de nerfs durant le parcours.

Je réalise les avantages d'être une mère à temps
plein en comparant les réactions de mon mari avec
les miennes. Lorsque je travaillais, je devais presser la
cadence du matin et laisser le petit en pleurs à la
garderie pour pouvoir être au boulot à huit heures
trente. Ce n'est pas à tort que certains l'appellent la
«gardepleure». J'étais habitée par le remords de devoir arracher mon fils de mes bras et de l'abandonner à quelqu'un d'autre qui allait passer la journée
avec lui à ma place. Même s'il arrivait plus rarement
à mon mari de faire ce détour par la garderie, il n'en
vivait pas moins les mêmes remords et le même sentiment de culpabilité. Il a d'ailleurs considérablement modifié ses habitudes de travail depuis l'arrivée
des enfants et, lorsqu'ils participent à une activité
qui requiert la présence des parents, il fait tout pour
être présent. Dans l'éventualité où il n'y parvient
pas, il ressent toujours de la culpabilité de ne pas
pouvoir partager ce moment spécial avec eux.

Pour ma part, le sentiment de culpabilité de ne pas
être présente dans leur vie n'existe plus. Je sais bien

que ce serait mon principal facteur de stress si je n'étais pas aussi disponible et que je manquais des moments importants. Pourtant, la culpabilité m'habite toujours pour des raisons différentes. Par exemple, je me sens parfois coupable de prendre soin de moi ou de pratiquer une activité sportive. Devrais-je plutôt rentabiliser ces quelques heures en travaillant contre rémunération ? Le sport me permet d'offrir à mes enfants une maman en meilleure forme physique et émotive. Ce n'est pas une si mauvaise affaire après tout. Je culpabilise aussi face à ce que je néglige de faire par manque d'intérêt : la cuisine, le ménage, le lavage, l'entretien, la planification des repas et l'élaboration de la liste d'épicerie. Ouache ! Dernièrement, j'ai rencontré une vieille copine que je n'avais pas vue depuis longtemps. Par hasard, elle m'a demandé si j'aimais toujours autant cuisiner. Sincèrement, j'ai même oublié que j'ai déjà aimé ça ! Quand on est responsable de nourrir une famille « matin, midi et soir, sept jours sur sept » et qu'on doive en plus s'astreindre à la corvée des boîtes à lunch, la réponse est non ! J'en suis même arrivée à détester faire le marché parce que cette activité consomme beaucoup trop de temps. Je devrais prendre exemple sur mes parents qui le faisaient le samedi exclusivement. Aujourd'hui, il m'arrive même parfois d'y aller plus d'une fois dans la même journée parce que je manque de planification. Mais ça, c'est le mal du siècle : l'instantanéité. Je devrais prendre le temps de m'asseoir, de consulter mes fiches recettes, de planifier de bons repas pour toute la semaine, d'élaborer la liste d'épicerie en conséquence et d'y aller une seule fois. Je préfère encore culpabiliser plutôt que de m'astreindre à cette gymnastique.

Bien sûr, j'entretiens la maison tout de même un peu. Je ne peux quand même pas demander à mes jeunes enfants de faire leur lavage et leurs repas eux-mêmes. Mais une chose est claire entre nous : je refuse d'être leur servante ! Je m'efforce depuis qu'ils sont tout petits de développer en eux l'indépendance et la débrouillardise ainsi que le respect. Ce n'est pas parce que c'est moi qui fais le lavage que je doive retourner vingt-huit chaussettes sales toutes les semaines avant de les laver. S'ils sont trop paresseux pour les retourner eux-mêmes, j'en conclue que cela n'a pas tant d'importance pour eux et je n'ai donc pas à le faire non plus. Être là pour eux, ça veut dire les écouter me raconter ce qui a mis du piquant dans leur journée ou ce qui les rend malheureux, pas de retourner leurs chaussettes sales et de ramasser derrière eux. J'ai toujours eu besoin de m'entourer de relations respectueuses, et ma personnalité n'a pas changé lorsque je suis devenue maman. Quand ils démontrent de la paresse pour exécuter une tâche à la mesure de leur capacité et qu'ils pensent que je le ferai à leur place, c'est un manque de respect pour moi. Ils ont bien saisi ce concept et sont tous deux des êtres respectueux avec tout leur entourage. C'est pour ça qu'ils portent habituellement des chaussettes à l'envers, mais propres.

Mes enfants et sans doute mon mari aussi se sont souvent heurtés à ma personnalité de mère « contrôlante ». Je sais bien que j'ai des prédispositions dans ce sens, mais notre situation familiale m'a incitée à renforcer ce trait de ma personnalité. Bien que je ne souffre d'aucun désordre « obsessif compulsif », j'ai toujours eu besoin que les choses se fassent dans un certain ordre. Lorsque les enfants sont venus au monde, l'entreprise de mon mari était en pleine croissance et, douze ans plus tard, elle a toujours le vent dans les voiles. Il a pu y consacrer beaucoup de temps et d'énergie, car il savait qu'il pouvait compter sur moi pour pourvoir aux besoins des enfants. J'ai endossé la gestion de la famille avec beaucoup de plaisir et de facilité, car ça me semblait tout à fait naturel. J'ai donc pris l'habitude de ne pas trop compter sur mon mari durant la journée car il part habituellement vers six heures trente et revient vers dix-neuf heures. À part les quelques mois suivant la naissance des enfants, période où il était très présent, je prends en charge toute la maisonnée. Lorsque les enfants étaient plus jeunes, il arrivait juste à temps pour l'histoire avant le dodo, tâche dans laquelle il excellait. Ainsi, au fil du temps, il y a eu de moins en moins de place pour lui tellement ma routine était rigoureuse. Lorsqu'il était alors présent, en particulier les fins de semaine, je ne réalisais pas qu'il désirait faire sa part et je continuais à tout régenter comme d'habitude. Il se sentait alors surveillé à outrance, critiqué et frustré de l'attachement que les petits avaient pour moi.

Dans les premiers moments de leur vie, j'ai dû apprendre à soigner mes enfants en faisant bien sûr des essais et des erreurs et en m'améliorant au fil des jours avec les tâches routinières. Mon mari était pleinement justifié de vouloir bénéficier du même droit à l'essai, à l'erreur et à l'amélioration et revendiquait donc ses privilèges en tant que papa. Comme bien des pères, il a dû faire preuve de beaucoup de détermination pour arriver à prendre sa place auprès de ses petits, car une sentinelle de mon espèce montait la garde jour et nuit. Maintenant que nos fils ont grandi, je suis très sensible à l'importance de lui laisser beaucoup d'espace pour renforcer ses relations avec eux et je ne me sens pas exclue s'ils font des activités ou des sorties «de gars». Lorsque je les vois ensemble et qu'ils ont l'air de très bien se comprendre, je ne peux que m'en féliciter et me réjouir que le «courant» passe si bien entre les trois hommes de ma vie.

## À la découverte de nos enfants

Selon moi, le rang que nous occupons dans la famille joue un rôle déterminant dans notre développement. Je suis la dernière de trois enfants et nous sommes très rapprochés en âge. De ce fait, il s'est écoulé bien des années avant que je développe le sentiment d'être capable de faire aussi bien que ma sœur et mon frère aînés. Bien sûr, ils ont su tout faire avant moi et, par conséquent, les finesses de la petite dernière n'obtenaient pas toujours la reconnaissance qu'elles méritaient. J'étais une enfant timide et sage et, pour ajouter à mon manque de confiance, mes parents étaient passablement débordés par les péripéties des deux plus vieux qui ouvraient la route. Lorsque je suis venue au monde, ma sœur aînée avait tout juste deux ans et ma mère se retrouvait avec trois bébés aux couches sur les bras. Malgré ce rang de cadette, j'ai toujours su que mes parents m'aimaient, même si l'attention se portait sur les plus vieux qui étaient les premiers à franchir les étapes importantes de la vie d'un enfant. Je me suis donc bien souvent tenue à l'écart et j'ai manqué des occasions de réaliser mon potentiel et de construire ma confiance.

J'ai souffert de ce manque de confiance en moi jusqu'au début de l'âge adulte, et c'est malheureusement cet aspect de ma personnalité qui a marqué mon adolescence. J'étais plutôt renfermée et j'avais de la difficulté à me faire des amis. J'étais une jeune fille plutôt triste et peu attirante pour les autres jeunes de mon entourage. J'étais déçue de constater que la plupart d'entre eux avaient du plaisir et participaient à des activités intéressantes alors que je restais seule dans mon coin à me désoler de mon sort. J'ai pris conscience de cette attitude vers l'âge de dix-huit ans et, pendant de longs mois, j'ai graduellement pris ma vie en main. J'ai appris à modifier mes comportements et, petit à petit, j'ai commencé à m'adonner aux activités dont j'avais envie en trouvant le courage d'y aller toute seule, comme une grande. La confiance s'acquiert lentement, mais je suis devenue après quelques années une personne différente, bien plus proche de ce que je voulais être. Et avec la confiance viennent les relations de qualité et les amis intéressants.

Un autre de mes traits de caractère semble découler également de mon rang de cadette. Dès l'adolescence et encore aujourd'hui, j'ai senti le besoin de prouver que j'ai du talent et que je suis aussi bonne que les autres. Ce besoin de performance m'a habitée tout au long de ma vie de jeune adulte. D'abord, en voulant attirer l'attention par mon apparence, mon attitude et mes idées. Puis, en recherchant la reconnaissance autour de moi auprès de mes parents, de mes employeurs et de mes amis. Enfin, en refusant que ma vie et mes expériences aient été vaines. À quoi servent toutes les leçons de la vie, toutes les erreurs et toutes les découvertes si ce n'est pour les transmettre à d'autres?

Mon mari et moi sommes particulièrement attentifs à cet aspect de la vie de nos enfants. Nous avons à cœur qu'ils aient confiance en eux, qu'ils se sentent aimés et appréciés, qu'ils soient à l'aise de s'exprimer et d'aller au-devant des autres. Pour un jeune enfant, la confiance en soi s'acquiert tout aussi graduellement que pour un adulte, c'est-à-dire au fil des expériences positives et par le regard que ses parents posent sur lui chaque jour. Nous tentons de renforcer ce qu'ils font de bien par des compliments appropriés. Dans la petite enfance, ce ne sont que des détails qu'il faut prendre le temps de remarquer : attacher son manteau tout seul, boire proprement ou formuler une phrase correctement. La confiance des enfants se nourrit de la satisfaction et du sourire du parent fier de ses petites prouesses quotidiennes. Plus les enfants grandissent, plus leurs accomplissements sont importants. Ils ont cependant toujours besoin de sentir l'approbation et la satisfaction de leurs parents. Quand je travaillais à l'extérieur et que j'étais une maman stressée, je n'avais ni l'occasion ni le temps de remarquer les points positifs dans le comportement de mon fils, car je gérais les situations au lieu de les vivre au même rythme que lui. C'était difficile d'atteindre ce niveau d'attention et de patience avec mon garçon et de trouver le commentaire encourageant approprié à chaque situation.

J'aime faire partie de leur vie et j'aime qu'ils fassent partie de la mienne. Je vous entends penser «comme elle doit être envahissante pour ses enfants!» Je crois plutôt que j'arrive maintenant à faire la part des choses. J'interagis avec eux tout en leur laissant l'espace dont ils ont besoin pour mener leurs propres expériences.

Mon fils aîné, qui est entré dans l'adolescence cette année, m'a fait réaliser assez tôt qu'il n'était pas à l'aise avec une mère «contrôlante». Mon mari me le fera également comprendre quelques années plus tard... et il aura bien raison de le faire. Dès son plus jeune âge, notre fils avait le don de nous dérouter par son audace et sa témérité qu'il tient peut-être de son grand-papa Daddy, ancien boxeur professionnel. Il avait un besoin incontrôlable − revoilà la mère «contrôlante» − de grimper partout. D'abord, vers un an sur sa petite table de jeu. Plus tard, vers deux ans, sur les comptoirs et même sur le frigo! Une de mes amies a eu la peur de sa vie lorsqu'elle est venue nous rendre visite par une belle journée d'été. Alors que nous discutions dehors dans le stationnement, elle eut soudain une expression horrifiée en regardant en direction de ma mini-fourgonnette. Mon fils, qui avait environ trois ans à l'époque, était grimpé dessus et s'amusait à sauter en bas! Si elle n'avait pas été mon amie, je crois qu'elle aurait appelé la Direction de la protection de la jeunesse pour me dénoncer et m'accuser de négligence envers mes enfants. Mais déjà, à seulement trois ans, mon fils nous avait habitués à vivre dans la crainte qu'il se blesse et j'avais dû apprendre à lui laisser beaucoup de liberté. Malheureusement, l'année suivante, ce fut au tour des arbres de servir de perchoirs à notre drôle de moineau. Au début, je m'émerveillais devant l'habileté de mon fiston mais, après quelque temps, je paniquais totalement lorsque ne le voyant plus, je le cherchais tout autour de la maison en l'appelant sans cesse, pour finir par l'apercevoir perché sur une branche presque aussi haute que le toit de notre maison. Et que dire de la réaction des passants qui, durant l'hiver, demandaient à mes enfants de descendre du toit de notre garage qu'ils s'affairaient à déneiger, sous peine de le dire à leurs parents. Je m'empressais alors de me montrer le bout du nez, leur expliquant que j'étais là et que je les surveillais. Je me gardais bien d'avouer que c'est à ma demande qu'ils le déneigeaient moyennant rémunération. Sans quoi, ils se seraient contentés d'y jouer et m'auraient laissé la corvée éreintante du déneigement.

Cette attirance précoce de mon aîné pour les sensations fortes a eu pour effet de me faire prendre conscience qu'il s'agissait là d'un trait de caractère inné et que je ne pouvais pas exercer de « contrôle » sur ses pulsions ni sur ses goûts personnels. Je devais me contenter de le guider en essayant de le rendre à majorité sans trop d'ecchymoses ou de fractures. Il lui reste encore plusieurs années avant d'y parvenir.

# 3

# Profession :
# mère de famille

## Le retour à la maison

Mon retour à la maison après la naissance de mon deuxième enfant – son grand frère était alors âgé de deux ans et demi – représente le début de ma carrière de mère à temps plein. Les journées se déroulaient sans que je voie le temps passer. C'était en même temps une période difficile qui requérait beaucoup d'énergie et de patience et une époque facile où je n'éprouvais aucun doute quant à ma valeur et à la pertinence de mon rôle. J'étais totalement absorbée par la routine familiale et je profitais de chaque seconde passée en compagnie de mes fistons qui évoluaient bien plus rapidement que je n'avais envisagé.

Quoique la somme des tâches quotidiennes ait été importante, je composais assez bien avec ma nouvelle routine. J'avais cependant plus de difficulté à supporter le manque de sommeil occasionné par mon nouveau-né. Celui-ci a d'ailleurs poursuivi ses périodes répétées d'éveil nocturne jusqu'à l'âge de trois ans, à mon grand désespoir. Cette situation a nécessité une intervention soutenue de ma part sans laquelle elle aurait continué de dégénérer. Si j'avais été prise par le tourbillon du travail au lieu de me pencher sur le problème, la situation aurait perduré faute de trouver la source du problème et la solution. À cette époque, mon fils manifestait des comportements régressifs qui me préoccupaient. Depuis plusieurs semaines, il se réveillait souvent la nuit, voire jusqu'à sept ou huit fois. Durant la journée, la seule activité à laquelle il ne s'opposait pas était de rester calé dans son fauteuil à regarder son film préféré en serrant contre lui sa vieille doudou usée mais ô combien vitale ! Il refusait de s'alimenter, ne subsistant que par l'ingestion de lait ou de jus dans son biberon. Il me gratifiait d'une crise de larmes chaque fois que je devais l'habiller pour sortir et n'avait qu'une seule envie : revenir à la maison au plus vite. Et il n'était toujours pas propre.

Je suis passée par toute la gamme des émotions. De la pitié jusqu'à l'agressivité causée par le manque total de sommeil. J'ai donc décidé d'aller fouiner à la bibliothèque du quartier dans l'espoir de dénicher un ouvrage susceptible de me guider dans la stratégie à envisager pour solutionner ce problème. J'ai également consulté le pédiatre des enfants, car les troubles alimentaires ne sont pas anodins et représentent un risque réel pour la santé. Mes recherches ont porté fruit : j'ai compris que c'est en l'observant de près et en parlant avec lui que je trouverais les indices montrant la piste à suivre.

Une nuit qu'il se réveillait pour la énième fois, au lieu de tenter de calmer ses pleurs et de le rendormir au plus vite, je lui ai demandé ce qui l'avait réveillé. Un enfant de trois ans n'a malheureusement pas la compréhension ni le vocabulaire pour s'expliquer clairement. Je n'ai d'abord pas eu de réponse, comme d'habitude. J'ai donc décidé de « diriger le témoin », comme le dirait un juriste. Je lui ai posé des questions fermées avec choix de réponses restreint. Je lui ai demandé s'il pleurait parce qu'il avait mal ou parce qu'il avait peur. Il me dit qu'il avait peur. Je lui demandai de quoi il avait peur. Il m'a dit : « du gros monstre ». Je lui ai alors demandé ce que le gros monstre voulait lui faire. Il m'a dit qu'il voulait « le faire manger » !

Cette courte discussion a clarifié la situation et j'ai compris précisément d'où provenait le problème. Dans les semaines précédentes, il avait souffert d'une gastroentérite assez sévère. Je lui avais alors expliqué qu'il ne pouvait plus manger, car ça le faisait vomir et qu'il ne pouvait prendre que des liquides le temps de laisser guérir son estomac. Je n'avais pas dû lui signifier clairement quelques jours plus tard qu'il était guéri et qu'il pouvait recommencer à s'alimenter normalement. Comme ce petit garçon avait constamment besoin d'être rassuré et encouragé, il avait peur de quitter cette nouvelle routine alimentaire et il avait tenu pour acquis qu'il ne devait plus manger par crainte d'être à nouveau malade. J'ai clarifié les choses le lendemain matin et il a rapidement recommencé à s'alimenter normalement. Son sommeil s'est rétabli un peu plus tard, après plusieurs séances de renforcement positif.

J'ai aussi pris conscience de son important besoin d'être rassuré et renforcé pour progresser. Au fil des semaines qui ont suivi, je me suis efforcée de lui faire voir tout ce qu'il était capable de réussir pour lui donner confiance et l'encourager à relever des défis. Par exemple, j'ai réalisé qu'il refusait d'aller à la toilette parce qu'il ne pensait pas être capable d'y arriver. Cette situation aussi est rentrée dans l'ordre un peu plus tard après l'avoir assuré qu'il y arriverait quand il se sentirait prêt. Encore aujourd'hui, à l'âge de dix ans, il a besoin de savoir qu'il peut réussir ce qu'il entreprend avant de se décider à essayer.

Il aurait été facile d'assumer que mon fils avait un retard dans son développement ou même de l'étiqueter comme enfant anxieux ou capricieux. Parce que j'étais disponible, j'ai pu prendre le temps de réfléchir à la situation, j'ai gardé confiance dans ses capacités et j'ai pu l'aider à surmonter ses craintes. Il n'a suffi que d'un peu de temps, cette denrée très rare chez les mères qui travaillent à l'extérieur du foyer.

Mon fils aîné a également connu une période de détresse émotive. Vers l'âge de huit ans, son esprit vif et enthousiaste était jumelé à un caractère prompt, parfois susceptible. À l'époque, il se mettait facilement en colère. J'aurais bien voulu changer son tempérament pour lui faciliter la vie, mais je devais me contenter de lui apprendre à maîtriser ses réactions. Lui-même n'est pas maître de ses émotions, seulement de la façon de les exprimer.

Lorsqu'il était en troisième année du primaire, ses aptitudes sociales lui causaient des ennuis. C'est normal pour un enfant de cet âge, me direz-vous.

C'était davantage marqué pour mon fils qui réagissait fortement aux moqueries. Au fil des semaines, il a été pris à partie par des élèves plus âgés que lui et les événements se sont succédé sans que j'en sois informée. Déjà à huit ans, il était fier et orgueilleux et ne voulait pas nous avouer qu'il avait de la difficulté à gérer ses relations à l'école. Son comportement s'était également détérioré à la maison et nous avons bien réalisé qu'il vivait des frustrations qu'il n'arrivait pas à exprimer clairement.

J'ai mis du temps à comprendre ce qui se passait, car j'avais envers lui des préjugés qui remontaient à plusieurs années. Toujours soucieuse de stimuler au maximum mon petit Einstein, je lui avais offert sa première trousse de pâte à modeler vers l'âge de dix-huit mois. De la pâte bleue et jaune et deux moules en forme des personnages de la *Rue Sésame*. J'avais bien lu sur la boîte que cette trousse était recommandée pour les enfants de trois ans et plus mais, sincèrement, quel mal pouvait-il y avoir à donner de la pâte à modeler lavable et non toxique à un enfant de dix-huit mois?

Après l'avoir laissé manipuler la pâte avec ravissement, je l'ai aidé à remplir un des moules avec de la pâte jaune. Lorsque j'ai démoulé le personnage en question, mon fils était émerveillé et répétait « Big Bird » comme s'il venait d'assister à un tour de magie. Il l'a pris dans sa main malhabile et l'a écrabouillé involontairement. Je me suis empressée de reprendre le cadavre et l'ai remis dans le moule pour lui redonner sa forme originale. Lorsqu'il a tenté de le reprendre dans sa petite main, il l'a écrasé à nouveau et a senti la frustration monter en lui. En fait, je crois qu'il ne l'a même pas sentie monter, elle a littéralement explosé et il nous a alors fait le cadeau d'une colère spontanée, première d'une longue série. Il a sans doute puisé dans notre état d'impuissance une force et un certain contrôle sur l'autorité parentale qu'il n'a jamais hésité à utiliser par la suite.

C'est cette réaction qui m'avait inspiré le préjugé selon lequel il était colérique et susceptible. Au départ, lors de l'épisode de l'école à huit ans, j'ai fait la même erreur – je l'avoue aujourd'hui – que la plupart des superviseurs. J'ai présumé qu'il était l'enfant fautif plutôt que la victime. Étant très grand et très brave, il ne détournait pas son regard devant les plus vieux et ne leur tournait jamais le dos. Il ripostait immanquablement aux moqueries. Les enfants plus âgés en ont fait leur tête de turc à chaque occasion qui se présentait.

Mais au fond de lui, cet enfant de huit ans avait très peur de cet environnement hostile qu'était devenue l'école et surtout la cour de récréation. Puisque j'étais disponible, j'ai pu passer beaucoup de temps à l'école à observer et à comprendre la situation. Petit à petit, j'ai sensibilisé les surveillants et les professeurs au fait que mon fils était victime de moqueries répétées. Je dois préciser qu'à cette époque, le système d'encadrement et de supervision des élèves était inadéquat et que mon fils était laissé à lui-même face à des élèves de deux et trois ans plus âgés que lui.

Je demeure persuadée aujourd'hui que ma présence à l'école durant cet épisode a changé le cours de sa vie. Après avoir discuté avec lui à quelques reprises, j'ai été bouleversée de réaliser qu'il se percevait comme un mauvais garçon. Il ne recevait jamais

de félicitations. Il se faisait réprimander régulièrement tant à l'école qu'à la maison. Il croyait que
nous l'aimions moins que son frère parce que nous
étions souvent fâchés contre lui lorsqu'il se comportait de façon agressive envers son frère et nous. Maintenant convaincue que mon fils était la victime, bien
que les apparences n'aient pas été en sa faveur, j'ai
persévéré dans ma mission avec le soutien inconditionnel de mon mari. J'ai amené les surveillants et les
professeurs à réaliser qu'il n'était pas l'instigateur des
altercations et ils ont aussi changé leur perception.
Au lieu de riposter à une moquerie par une bataille,
il se sentait alors plus à l'aise de leur demander de
l'aide. Il avait compris que ce serait l'autre enfant qui
serait alors reconnu comme fautif et non lui. Petit à
petit, il a changé sa perception de lui-même. Comme
il se bagarrait moins, il ne se faisait plus autant réprimander et pouvait se concentrer davantage sur ses
travaux scolaires. Il réalisait aussi qu'il était capable
de réussir à l'école, d'être un bon élève, un bon ami,
un bon grand frère et un bon fils.

Cet épisode échelonné sur quelques mois a été un
point tournant dans la vie de mon fils et dans notre
relation. J'ai compris que je ne devais pas me fier aux
apparences et qu'il était important d'aller au fond
des choses pour connaître la vérité. L'incapacité
pour certains parents de prendre le temps d'observer
leurs enfants pourrait bien être à la base de troubles
de comportement. Leurs préjugés confinent alors
leur enfant dans un cercle vicieux qui continuera de
miner sa confiance et ses relations avec l'entourage.

À partir de ce moment, le caractère de mon fils
s'est nettement amélioré et les conflits avec d'autres

jeunes ont peu à peu disparu. Aujourd'hui, les situations frustrantes le poussent rarement à bout. Il verbalise aisément ses sentiments et développe ses aptitudes de négociateur pour obtenir ce qu'il veut.

J'ai également changé mes comportements et j'évite maintenant de commettre l'erreur de voir trop loin, trop vite. J'angoissais à l'idée que mon fils évolue dans la vie avec un caractère colérique qui ne lui apporterait que des ennuis et très peu d'amis. Avec le recul, je réalise que mes réactions exagérées n'étaient pas fondées et ne faisaient qu'envenimer la situation. Je sais qu'il a meilleur caractère, car il a beaucoup d'amis fidèles.

Au fil des années, la directrice de l'école primaire que fréquentait mon fils a été témoin de ses difficultés et de ses efforts pour améliorer ses réactions en situation de conflit. Selon elle, sa nouvelle attitude face aux querelles est tout aussi remarquable que sa façon d'exprimer ses sentiments. Elle est impressionnée par sa capacité à réagir de manière constructive. Elle ne se doutait pas à quel point son commentaire nous a fait plaisir. Nos efforts venaient d'être récompensés et c'était jour de paie pour nous.

## Les lectures : des solutions efficaces

Les lectures et les recherches que je fais chaque fois que je suis confrontée à un problème sérieux m'ont aidée à garder confiance en mes capacités parentales. Mon goût pour la lecture de types très variés s'est développé bien avant la naissance des enfants. Je vous épargne le résumé des best-sellers purement récréatifs – que j'apprécie encore quand je suis en vacances – pour partager avec vous le plaisir que j'éprouve à consulter des ouvrages se rapportant à la psychologie et aux relations humaines. Je préfère les livres qui traitent de l'aspect pratique aux écrits théoriques et philosophiques. J'aime apprendre sur les comportements en général et j'apprécie avoir des points de repère pour appliquer mes lectures dans mes relations avec mon entourage. Depuis que les enfants font partie de ma vie, je me suis concentrée sur les rapports parents-enfants, sur le développement cognitif et aussi sur les relations entre frères et sœurs. Bien que ce soit toujours un plaisir de me plonger dans un livre, c'est devenu également une source de réponses et de réconfort devant les situations difficiles qui se présentent au fil des ans.

Je me souviens d'une lecture en particulier qui m'a été d'un grand secours lorsque mes enfants étaient âgés de trois et six ans. La maison s'était transformée en zone de combat perpétuel. Mon mari et moi rêvions d'une famille harmonieuse s'adonnant à la pratique d'activités agréables. Malheureusement, le simple fait que les deux enfants se retrouvent dans la même pièce était l'élément déclencheur d'incessantes querelles, que dis-je, de hurlements et de déchirements. C'en était fini de notre beau rêve d'harmonie. Les situations conflictuelles dégénéraient rapidement en batailles parce que nous ne savions pas comment réagir.

Ma liberté de mère à la maison m'a une fois de plus permis d'aller fouiller à la bibliothèque pour y découvrir une nouvelle solution miraculeuse. De nos jours, les situations de la vie familiale sur lesquelles

personne n'a écrit un bouquin sont assez rares et j'en
ai trouvé un qui était plus que pratique. Le livre
*Jalousies et rivalités entre frères et sœurs* décrivait précisément les comportements de mes enfants et illustrait
les interventions à éviter et celles à privilégier. Les
auteures affirmaient que la solution se trouve dans la
réaction du parent en cas de crise. À la simple lecture
des solutions proposées, j'avais peine à croire que je
pouvais obtenir des améliorations tangibles en mo-
difiant mes propres comportements. Changer un
comportement – devenu un automatisme au fil des
ans – demande beaucoup d'efforts et de constance
pour les jours et les semaines à venir. Je vous jure sur
les têtes blondes de mes fistons chéris que ces conseils
ont permis des améliorations tant inespérées qu'instantanées. Chaque fois qu'ils retombaient dans leurs
vieilles habitudes de querelles, c'était parce que moi
j'étais retombée dans les miennes!

Je me rappelle l'épisode particulier où j'ai mis en
application ces méthodes pour la toute première
fois. Comme à leur habitude, mes enfants étaient sur
le point de s'entretuer pour déterminer lequel s'as-
soirait sur «le» fauteuil. Sentant ma pression monter
comme d'habitude, j'ai fermé les yeux, pris de grandes respirations et répété dans ma tête ce que je
devais faire. Je devais d'abord exiger un cessez-le-feu
immédiat. Je devais ensuite demander à chaque
enfant de m'expliquer à tour de rôle son point de
vue de la situation. Je devais ensuite résumer à chacun sa vision et lui refléter les émotions qu'il ressentait. Cette étape est importante pour démontrer à
chacun d'eux que je les comprends très bien et que
leurs sentiments sont importants pour moi. L'étape

suivante s'avérait la plus difficile. Je devais leur dire que je réalisais qu'il s'agissait d'une situation sérieuse, qu'ils étaient tous deux de bons enfants et de bons frères et qu'ils avaient la capacité de trouver ensemble (je dis bien ensemble) une solution équitable. Et je devais quitter la pièce !

Cet exercice comparable à un acte de foi m'a fait comprendre que, lorsque c'est possible, je dois éviter de me ranger d'un côté ou de l'autre et d'imposer ma décision. Cette réaction a pour effet de débiliter leur capacité à négocier et m'oblige à déterminer un gagnant et un perdant. Par ma nouvelle attitude, ils se gratifient de la confiance que j'ai en eux et comprennent que la solution est souvent très simple. Après deux longues minutes qui m'ont paru interminables, je suis retournée vérifier l'étendue des dommages, n'entendant plus un son. À ma grande surprise et à la vôtre que je devine, mes deux guerriers étaient assis — je devrais plutôt dire collés — l'un contre l'autre dans le fauteuil à une place et regardaient paisiblement leur émission préférée. Je venais d'assister à mon premier miracle.

Il y en a eu plein d'autres par la suite, chaque fois que je faisais confiance à leur capacité à régler leurs conflits. Comment est-ce possible qu'un enfant de six ans et son frère d'à peine quatre ans soient capables de pareil raisonnement et de trouver une solution si loin de ce qu'une mère près de la quarantaine pouvait elle-même imaginer ? Nul besoin de vous dire que la mère fatiguée et stressée que j'étais lorsque je travaillais huit à dix heures par jour n'aurait jamais pu persévérer dans l'application de ces nouvelles règles de conduite.

Depuis aussi loin que je me rappelle, j'ai toujours été attirée par l'analyse des comportements ; c'est mon côté psy. Je me rappelle lorsque j'avais dix ou onze ans, j'avais plusieurs copines près de la maison et les frictions finissaient toujours par se faire sentir. Lorsque certaines d'entre elles étaient en désaccord et commençaient à se quereller, je refusais de faire partie de la dispute. Je leur disais que je rentrais chez moi et qu'elles pourraient venir me chercher lorsqu'elles seraient prêtes à recommencer à jouer. Elles finissaient toujours par revenir peu de temps après. Mes penchants vers la psychologie sont plus que comblés depuis que les enfants sont entrés dans notre vie.

## L'ampleur de la tâche

Lorsque les enfants étaient très jeunes, je ne me posais jamais de questions sur la pertinence de mon rôle de mère à temps plein. Mon agenda ne prévoyait aucune période de remise en question sur ma vie professionnelle, car j'arrivais rarement à prendre une douche sans avoir le petit dernier dans son couffin sur le plancher de la salle de bain où je pouvais l'avoir à l'œil. J'étais trop absorbée par la charge de travail que deux jeunes enfants représentaient et je souffrais du manque de sommeil comme la plupart des nouveaux parents.

Selon moi, l'élément le plus difficile de la tâche parentale est l'interruption du sommeil toutes les nuits, pendant près de cinq ans consécutifs en ce qui nous concerne. Ce facteur incontournable s'installe sournoisement et crée des dommages difficiles à percevoir. Bien sûr, la patience envers les pleurs et les exigences des enfants est mise à l'épreuve. L'épuisement et le sentiment d'incapacité à faire face à la tâche m'accablaient certains jours. Au fil des mois, je n'arrivais plus à prendre le recul nécessaire pour envisager calmement ma tâche. Je m'inquiétais davantage et j'envisageais les étapes à venir avec moins d'optimisme, car l'épuisement se reflétait dans mes réflexions. Et oui, j'ai eu des périodes de nervosité importantes et de surmenage qui n'ont pas toujours facilité la routine familiale. Ce n'est pas étonnant que le mot *burn-out* se retrouve de plus en plus dans le vocabulaire des femmes qui cumulent un travail rémunéré et leur rôle de mère. S'occuper d'enfants en bas âge est parfois assez prenant pour entraîner une condition physique similaire à celle de l'épuisement professionnel.

«Je continue parce qu'il ne faut pas que je lâche.» Que peut faire la mère qui travaille quand elle se lève le matin et qu'elle est pressée par la journée qui est déjà trop courte pour accomplir tout ce qu'elle a planifié et qu'un des enfants est malade avec de la fièvre et un gros mal de gorge? Bien sûr, elle a plusieurs options intéressantes. Elle peut réveiller les grands-parents à sept heures du matin pour leur annoncer que le petit dernier arrive dans quarante-cinq minutes avec son bagage et qu'ils n'ont pas à s'inquiéter, car il ne leur transmettra par ses microbes puisqu'ils ont sûrement été immunisés au début de l'hiver. Elle peut amener quand même son petit à la garderie ou à l'école en omettant d'avertir les responsables de son état. Elle ne veut pas passer pour une mère indigne et surtout, elle craint de se faire jeter dehors de l'établissement afin de protéger les autres enfants. Elle prend soin bien sûr de donner des analgésiques à l'enfant plus âgé en lui disant de les prendre lui-même sur l'heure du dîner pour que personne ne constate son état. D'un autre côté, elle peut aussi appeler au bureau et annuler le rendez-vous prévu justement aujourd'hui avec cet important client – qui avait finalement accepté de la rencontrer après des mois de représentation – et elle dit adieu à cette grosse vente qui lui aurait permis de boucler son budget mensuel et d'obtenir une belle commission.

Il est tellement plus simple de garder le petit à la maison, de le réconforter et de prendre soin de lui, de profiter de sa présence lorsqu'il est seul avec moi pour le gâter un peu plus que d'habitude et lui donner toute mon attention. Je l'emmitoufle alors dans une grosse couverture et je le serre contre moi pendant qu'il boit un bouillon de poulet devant la télévision. C'est étonnant comme il se sent déjà mieux vers dix heures, surtout s'il sait qu'il n'a pas à aller à l'école l'après-midi non plus. Cette journée devient un jour de vacances. Ce qui était un casse-tête lorsque j'avais réintégré mon emploi après la naissance de mon aîné est devenu une occasion d'intimité et d'affection. L'angoisse et la frustration de la battante qui a des défis professionnels à relever et des objectifs financiers à atteindre disparaissent et font place à la satisfaction de faire exactement ce qu'il faut au moment où l'enfant en a besoin. « Le petit chanteur à la voix d'or » que je regardais avec ma mère a fait place aux extraterrestres et aux effets spéciaux hollywoodiens. Cependant, l'affection maternelle parvient encore à soulager et à rassurer un enfant malade.

## Le stress artificiel

Quoique je ne sois pas certaine qu'il en ait toujours été ainsi, le stress fait maintenant partie intégrante de nos vies dans cette ère d'efficacité et d'information instantanée. On n'a plus le droit de ne pas être au courant de tout ce qui se passe sur la planète et cette pression additionnelle du concept de la globalisation s'ajoute à celle de la vie quotidienne du travail et de la famille.

Quitter mon emploi m'a permis de me libérer de ce que j'appelle le stress « artificiel » créé par la gymnastique entourant le travail lui-même. Voici un portrait assez fidèle d'une journée de travail d'une femme de mon espèce qui s'enorgueillit d'être une *superwoman* : lever trop tôt, course du déjeuner pour tous sauf pour moi, composition des boîtes à lunch (encore des sandwichs au saucisson), préparation des enfants et de tout ce qu'il faut pour leur journée, inévitable course en voiture pour reconduire chacun à son poste, planification du repas du soir avec l'élaboration de la liste d'épicerie de dernière minute, course au supermarché et aux magasins à l'heure du dîner au lieu d'en profiter pour relaxer avec les collègues du bureau, course pour terminer à temps cet important contrat (tant pis, je l'emporte et le terminerai ce soir lorsque les enfants seront couchés), course pour ne pas arriver en retard à la garderie car la liste d'attente de parents bien plus ponctuels que moi est très longue, arrivée à la maison avec les frustrations accumulées et les requêtes urgentes, préparation du souper, bataille des devoirs, nouvelle course à l'aréna ou au gymnase pour les activités sportives, prévision d'un temps de repos pour les enfants avant d'aller au lit mais surtout pas pour la mère et, finalement, le dodo pour les enfants et l'évanouissement pour les parents.

Bien sûr, prendre soin des enfants est en soi un travail parfois stressant, mais en me libérant du stress artificiel du travail, j'ai fait place au retour de la créativité et au recul pour faire face aux situations de tous les jours. J'étais régulièrement confrontée à l'incapacité de prendre de simples décisions et habitée par le doute à l'idée de me tromper dans les choses les plus simples : le menu de la boîte à lunch, le choix d'une activité à planifier ou la meilleure façon de régler une situation conflictuelle. Chaque décision devenait une source de doute et je sentais que je m'enlisais sous ce fardeau sans arriver à avancer d'un centimètre. Trop c'est trop et, quand la coupe déborde, on ne peut rien y ajouter de plus.

Aujourd'hui, il m'arrive souvent de ne pas prendre de décision et de me permettre de réfléchir quelques jours. Comme la nuit porte conseil, je prends des décisions plus éclairées et bien plus efficaces qu'auparavant. Je suis souvent agréablement surprise aussi de constater que bien des situations se règlent d'elles-mêmes si j'ai la sagesse de leur donner le temps d'évoluer. Maintenant, quand mes enfants me présentent une situation qui les embête, je ne tente pas de trouver la solution moi-même, tout de suite. Je guide plutôt leurs réflexions et ils en trouvent souvent eux-mêmes de meilleures. La confiance est un outil indispensable pour le développement des enfants.

Mes relations avec eux ainsi qu'avec mon entourage sont meilleures parce que je suis disponible sur le plan émotif. Il m'arrivait fréquemment auparavant d'avoir l'esprit ailleurs, à mille endroits à la fois : au travail, à la planification de l'horaire familial et au refoulement de mon sentiment de culpabilité devant tout ce que j'avais planifié en trop.

Quand il y a un feu à éteindre, on ne peut pas se permettre de prendre du recul et de laisser évoluer la situation d'elle-même. L'urgence nous oblige à réagir vite. À force de ne plus avoir le temps de réfléchir aux solutions possibles ou de prendre du recul, on en perd l'habitude et la résolution instantanée devient un réflexe.

Dans la même optique, avant mon retour au foyer, il était impensable pour moi de ne pas profiter de chaque minute non planifiée sans les « rentabiliser » en effectuant des tâches productives. Quand on est parent et qu'on travaille à temps plein, profiter d'une pause est un luxe chèrement payé par le remords et même par les reproches des enfants qui sont habitués à l'efficacité de leur mère.

Il en va de même pour les relations entre conjoints. Avant d'avoir nos enfants, mon mari et moi étions disponibles l'un pour l'autre et nous nous soutenions mutuellement. Nous étions à l'écoute des attentes de l'autre. Je pouvais partager avec lui mes ambitions ou mes craintes et nous cheminions côte à côte à travers les changements et les moments difficiles. À l'arrivée des enfants, nous sommes devenus leur soutien émotif. Leurs demandes constantes et l'épuisement physique résultant du manque de sommeil m'ont forcée à concentrer la presque totalité de mes énergies auprès d'eux, puisque j'étais maintenant une mère de famille responsable de deux êtres dépendants. Mon mari a sans doute fait de même par la force des choses, si bien que nous avons perdu du même souffle le soutien émotif sur lequel nous avions toujours pu compter à profusion dans les dix années qui ont précédé l'arrivée des enfants dans notre vie. On abandonne l'autre et, inconsciemment, on se déconnecte peu à peu de ses besoins, ce qui n'est pas sans provoquer quelques frictions si on ajoute toutes les difficultés quotidiennes. Je comprends facilement que des couples éprouvent de sérieuses difficultés quand les enfants s'ajoutent à l'équation de leur vie. Ces derniers demandent tellement d'attention qu'on oublie facilement le conjoint après avoir négligé ses propres besoins. Nous avons eu la chance de rester en contact l'un avec l'autre et nous sommes parvenus à trouver du temps juste pour nous deux dans notre horaire familial.

Le temps est un facteur déterminant dans l'harmonie d'une famille et le manque de temps en change toute la dynamique. Quand je travaillais, ce dont j'avais le plus besoin n'était pas de gagner plus d'argent mais bien d'avoir davantage de vacances. Certes, j'appréciais mes revenus, mais j'en aurais volontiers laissé tomber une partie afin d'avoir plus de temps pour profiter de ma vie, de ma famille et pour souffler un peu. J'avais d'ailleurs soumis cette idée à l'équipe de vente avec laquelle je travaillais. Notre patron cherchait toujours de nouvelles idées pour stimuler notre productivité et proposait habituellement des récompenses d'ordre monétaire : des repas au restaurant, des cadeaux ou des bonis en argent. Pour moi, une semaine de vacances ou quelques journées de congé supplémentaires auraient été une bénédiction. Un vrai congé, ce n'est pas une journée fériée ou une journée de fin de semaine, c'est un moment où on est libre de faire tout ce qu'on veut alors que tous les autres sont au travail. Me lever plus tard, prendre mon temps le matin, ne rien planifier et savoir que je dispose des sept ou huit prochaines heures pour moi toute seule, ça c'est une véritable récompense.

Comme mon patron n'a pas retenu ma suggestion, j'ai dû m'octroyer moi-même toutes les journées de congé dont j'avais besoin en quittant définitivement mon emploi. Je dois dire que c'est après sept ou huit ans seulement que je me suis sentie peut-être à nouveau disposée à effectuer un retour au travail, à raison de quelques heures seulement par semaine. Je me suis habituée à être libre et à profiter de mes journées. Il n'est pas rare que j'entende d'autres femmes me dire que depuis qu'elles sont retirées du marché du travail, elles sont bien plus occupées et elles n'arrivent pas à faire tout ce qu'elles planifient. C'est mon cas depuis dix ans. Un confrère de travail, père de trois jeunes enfants, m'a confié qu'il considérait les femmes comme privilégiées d'avoir la possibilité de changer leur vie lorsqu'elles fondent une famille. Le retour des femmes à la maison pour prendre soin de leur famille est peut-être encore empreint de préjugés, mais les pauvres hommes sont à des années-lumière de pouvoir se permettre ce choix sans faire face au jugement sévère de leurs congénères. Je suis pourtant persuadée que plusieurs d'entre eux en rêvent secrètement et n'oseront jamais s'exposer aux préjugés qui sont bien souvent les leurs.

À mon avis, le concept de la *superwoman* n'est pas un mythe. Dès qu'une femme a des enfants et qu'elle a le souci de leur bien-être, on peut déjà l'associer à ce concept. Si elle fait aussi le choix de demeurer active dans la profession qu'elle a choisie et où elle se valorise, alors elle s'inscrit officiellement sur ce registre. Elle a fait le choix de ne pas perdre ses acquis ni son identité. Elle a besoin de faire partie de la population productive sur le plan économique et se retrouverait hors de son élément si elle devait la quitter. Au risque de me faire pointer du doigt par les féministes et de me faire accuser de contribuer au recul de ce mouvement, j'ai fait le choix d'être la meilleure influence que je puisse être pour mes enfants et j'ai renoncé à mon image de femme indépendante, capable de relever des défis et productive sur le plan économique. Je suis une individualiste et je suis maintenant habitée par une grande confiance en moi. J'assume l'entière responsabilité de ma vie et de ma famille et j'aime croire que j'en ai la pleine maîtrise. Je ne compte pas sur la société ou sur quelqu'un d'autre pour assumer une partie de mes responsabilités et je n'ai jamais senti le besoin de joindre un mouvement pour arriver à mes fins. Il n'y a pas de choix idéal. Il y a celui qu'on fait et qui est le meilleur qu'on puisse faire dans les circonstances.

J'ai choisi d'être mère à temps plein de bon gré, sans amertume et sans regret. J'assume mon rôle parental avec plaisir et ce sont mes enfants qui en retirent le plus de bénéfices. Moi aussi je suis une *superwoman* parce que j'ai décidé de mettre mes propres intérêts en veilleuse pour investir dans ceux de mes garçons. Les enfants dont on prend soin ont plus de chance de devenir des adultes heureux et responsables.

Les médias laissent entendre qu'un mouvement nord-américain vers le retour des mères au foyer et la valorisation de leur travail se dessine dans notre culture. Malheureusement, je ne le perçois pas encore dans mon entourage et ça ne constitue pas un facteur motivant dans le choix que j'ai fait. Je connais peu de femmes autour de moi qui ont assez confiance en elles pour faire le grand saut, laisser leur carrière de côté et exercer le rôle de mère à temps plein.

Le tourbillon de la petite enfance étant derrière moi, je m'interroge davantage sur mon emploi du temps. J'hésite à m'investir à fond dans une nouvelle carrière, car je suis persuadée que ma disponibilité auprès de mes enfants a encore une grande importance pour eux.

## Le temps : courir après ou en profiter ?

Autour de moi, j'ai vu plus de cas d'épuisement et de dépression dans les cinq dernières années que dans ma vie tout entière. Le rythme de vie qu'on s'impose aujourd'hui est selon moi tout à fait démesuré par rapport aux capacités de l'être humain moyen. Cette ère de la surinformation et de l'instantanéité nous garde dans l'incertitude en regard de nos obligations. La satisfaction du devoir accompli a fait place à la culpabilité permanente de ne pas en avoir assez fait, assez tôt. L'épuisement personnel découle bien sûr de la fatigue physique et du manque de sommeil qui en sont des facteurs importants. Je constate cependant que l'usure émotive est plus sournoise et difficile à déceler. Si on ne prête pas attention à ses signes précurseurs, elle est impitoyable lorsqu'elle frappe. Selon moi, l'épuisement provient souvent de l'incapacité à répondre aux attentes irréalistes que nous créons quotidiennement. Les exemples sont nombreux : le « superrendement » au travail, les relations idéales avec nos enfants, les horaires d'activités trop chargés des membres de la famille, le soutien à nos parents vieillissants et les imprévus qui s'ajoutent à l'agenda déjà surchargé. Et il y a surtout la culpabilité qui nous habite maintenant en permanence. Bien que nous en fassions déjà beaucoup plus que ce que notre corps peut fournir, nous nous sentons incapables et contrariés lorsque nous devons décevoir quelqu'un sur notre route. Mon client qui espérait voir son plan marketing avant la fin de l'après-midi : déçu. Mon cadet qui a des gants troués et qui espérait une paire décente avant la fin de la semaine : déçu. Mes parents qui n'ont pas eu de nos nouvelles depuis si longtemps qu'ils ne reconnaîtraient plus leurs petits-enfants s'ils venaient sonner à leur porte par hasard : déçus. Mon mari qui comptait sur moi pour faire réparer le foutu ordinateur qui ne fonctionne que lorsqu'on n'en a pas besoin : déçu. Moi qui ai un urgent besoin de passer chez la coiffeuse pour éviter de faire croire que je lance une nouvelle tendance en coloration avec les repousses de plus de trois centimètres : déçue aussi.

J'étais prise dans ce cercle vicieux de vouloir toujours en faire trop. J'en fais encore beaucoup mais la culpabilité de ne pas réussir à tout faire ce que je planifie s'estompe car j'accepte mieux mes limites. Comme la première étape pour résoudre un problème

est d'en prendre conscience, je crois que je suis sur la
bonne voie pour trouver les moyens de contrer ce
sentiment de culpabilité. Prendre la décision de
quitter mon emploi visait justement à éviter cet état
perpétuel de déception. Il me semble que j'ai le
droit de desserrer les dents et de détendre un peu
les épaules.

Je maintiens mes bonnes intentions. Dans un
monde idéal, j'aimerais bien par exemple visiter ma
mère une ou deux fois par semaine. Elle vit d'importants bouleversements depuis le décès de mon
père l'année dernière. Elle habite tout près et la
simplicité de nos rapports m'incite chaque fois que
je repars à ne pas la négliger et à y retourner régulièrement. Ma sœur est de retour dans la ville après
avoir habité près de vingt-cinq ans dans la région
de Montréal et nous avons eu l'occasion de rattraper le temps perdu. Nous nous sommes fréquentées
davantage dans les mois suivant son retour que dans
les vingt-cinq années où elle habitait à l'extérieur.
J'ai remercié le ciel d'avoir été libre pour son retour
car j'avais vraiment envie d'être à ses côtés pour ce
tournant de sa vie.

J'ai mis plusieurs années à réaliser que mon retrait
du marché du travail m'indisposait. Il m'était encore
difficile de concevoir et surtout d'avouer que j'étais
une femme à la maison. La transition est difficile
quand on roule à plein gaz pendant des années. Pour
tromper un peu les apparences et aussi pour me convaincre que ma tâche importait autant que celles que
j'accomplissais sur le marché du travail, je tentais de
conserver le même rythme à la maison. J'avais une
bonne excuse lorsque les enfants étaient très jeunes.

C'est assez difficile de relaxer et de prendre la vie doucement quand on a un tout-petit de deux ans et un nouveau-né sur les bras.

L'entrée à l'école des enfants m'a amenée à faire un nouveau choix. C'était une étape cruciale dans ma vie et dans celle de ma famille. Lorsque mon plus jeune a commencé la maternelle, je sentais encore l'urgence de rentabiliser chaque minute pour prouver que je ne perdais pas mon temps. En fait, je crois que je ne pouvais pas admettre que j'étais à nouveau libre d'occuper un emploi ou une fonction non liée à l'éducation des enfants et à l'organisation de l'horaire familial. J'en faisais toujours beaucoup et j'en étais arrivée à ne plus savoir comment relaxer. Même pendant les vacances estivales, durant les rares journées où il fait beau dans notre pays où le concept de réchauffement de la planète fait rager plus que réfléchir, je n'arrivais pas à simplement m'allonger sur une chaise longue pour profiter des rayons du soleil ou pour lire un livre dépourvu de toute valeur intellectuelle.

Depuis quelques années, nous avons la chance de posséder un chalet dont nous profitons durant l'été. Et qui dit chalet, dit entretien et réparations. Comme je suis habile de mes mains, j'aime tout ce qui se rattache à la menuiserie, la décoration, l'aménagement paysager et même le terrassement. Mon mari prend plaisir également à travailler autour du chalet lorsque son emploi du temps le lui permet. Les seuls moments où nous ne sommes pas en train de réparer ou de rénover quelque chose, c'est quand nous avons des invités. C'est depuis quelques années seulement que j'ai pris la ferme résolution de profiter un peu de ce bel endroit. J'ai informé mon mari de cet important changement d'habitude, mais il n'était pas encore arrivé au même stade que moi.

Cet été-là, alors qu'il s'affairait à construire un escalier en pierres, il sollicita mon aide comme d'habitude. Nous puisons en l'autre la patience et le courage d'entreprendre, et surtout de mener à terme, les travaux que nécessite notre chalet. Puisque je n'étais pas sortie pour lui prêter main-forte comme j'avais l'habitude de le faire, il avait cessé temporairement son travail pour venir s'enquérir subtilement de mes intentions. J'étais décidée à résister à la tentation de retomber dans le piège des éternels travaux à exécuter et j'ai donc dû utiliser une technique de « renforcement positif » pour éviter de lui signifier simplement mon refus de l'aider. J'en ai profité pour l'encourager et le complimenter sur l'avancement de ses travaux et sur l'efficacité de ses méthodes de travail. Il est retourné dehors, espérant toujours que j'aille le rejoindre un peu plus tard. Je suis effectivement sortie peu de temps après, avec un livre à la main, et l'ai renforcé de nouveau dans ses capacités à réaliser ce projet. Mais, à sa grande déception, j'ai continué ma route jusque sur la terrasse où j'ai passé le reste de l'après-midi, non sans quelques remords, à me dorer au soleil dans un état d'oisiveté totale. Je qualifie aujourd'hui cet événement de premier geste conscient vers la déculpabilisation. J'ai renouvelé l'expérience à quelques reprises durant cet été-là pour mon plus grand bien. Ce n'est pas une tâche facile de relaxer mais il faut bien que quelqu'un le fasse dans cette famille.

J'ai également la chance d'avoir une amie qui habite tout près de notre chalet et qui est aussi en

congé durant l'été. Nous arrivons à peine à nous visiter deux fois durant les vacances tellement nous
avons besoin de nous tenir occupées. Je me suis
souvent demandé si elle aussi ressentait ce besoin de
ne pas paraître se complaire dans l'oisiveté. Je me
promets bien de l'inviter à en discuter lors d'un bel
après-midi ensoleillé où nous aurons volontairement
décidé de ne rien faire.

Bien que j'aie consciemment choisi de profiter de
moments de détente pour refaire le plein d'énergie de
temps en temps, l'été est une saison plus propice à la
relaxation et l'automne demeure pour moi une saison
difficile. Les journées qui raccourcissent et l'annonce
de la saison froide m'affectent immanquablement.
C'est à ce moment de l'année que le doute m'habite
sur le bien-fondé de renouer avec la productivité et de
retrouver un emploi rémunéré. Les vacances sont ter-
minées, les enfants sont de retour à l'école et la
maison se vide. Il y a quelques années, j'ai envisagé de
m'impliquer dans un travail bénévole. Je souhaitais
mettre à profit mes talents de gestion, de communication ou toute autre aptitude qui pouvait être utile.
Mon plan était de consacrer quelques heures par semaine à une œuvre charitable. Ce projet ne s'est pas
concrétisé, car il aurait fallu que je sois disponible à
des moments où les enfants avaient besoin de moi, en
particulier après l'école. Comme les classes se terminent à quinze heures, il était hors de question d'envoyer mes enfants à la garderie pour me permettre
d'aider quelqu'un d'autre. Ils demeurent ma priorité.

Heureusement, cette phase de remise en question
est toujours de courte durée et disparaît généralement
après quelques semaines. Durant cette période, j'aurai

reçu le nouvel horaire de la saison sportive des jeunes qui ne manquera pas d'occuper la plupart de mes soirées et fins de semaine.

Je crois que ces remises en question occasionnelles sont dues à mon âge. À quarante-cinq ans, je me considère encore au début de ma vie d'adulte et donc loin de la retraite. Je me sens au meilleur de mes capacités physiques et intellectuelles et j'ai le goût d'accomplir encore beaucoup de choses et de découvrir de nouvelles activités stimulantes. C'est cette jeunesse du corps et de l'esprit qui incite à l'occasion cette petite voix intérieure à me demander si je ne devrais pas consacrer mes énergies à une profession reconnue et rémunérée.

Si j'étais à l'âge de la retraite, le sentiment du devoir accompli et la sagesse acquise au fil des années de labeur apaiseraient mes tourments. C'est le moment de la vie où je penserai davantage à ralentir mes activités, à planifier les années de retraite que j'entends passer avec mon mari, à profiter de la vie et, à l'occasion, de la présence de nos enfants et petits-enfants. On a le droit de rêver. Comme on récolte ce qu'on sème, j'ai décidé de cultiver ma relation avec mes enfants et mon mari et je m'intéresse à tout ce qui les concerne. C'est là le devoir que j'ai à accomplir. Je sens déjà que la récolte sera intéressante. Bien que les fruits ne viennent que beaucoup plus tard, déjà des bourgeons prometteurs apparaissent et quelques-uns commencent à fleurir sur ces petites branches frêles mais déterminées à devenir grandes. Âgé de dix ans, mon petit dernier démontre déjà de l'intérêt pour l'argent et pour tout ce qu'il peut procurer. Il nous arrivait de le surnommer affectueusement Bill (Gates). Qui sait, peut-être que mes années de remise en question auront porté fruit. J'aurai peut-être contribué à développer ses capacités au maximum pour qu'il devienne le nouveau Bill Gates des années deux mille trente!

## Le rôle du père : inestimable

L'apport du père influence considérablement le contexte familial. Pour être politiquement correcte, je devrais plutôt parler de «l'autre conjoint», puisqu'il y a aussi des pères qui prennent soin de leurs enfants à temps plein. Certains parents n'ont pas le privilège d'avoir un conjoint aussi engagé dans l'éducation de leurs enfants. Même s'il est moins présent dans leurs journées parce qu'il exerce une profession qui le passionne, le plus grand plaisir de mon mari, c'est tout comme moi de partager la vie de nos enfants.

Il faut bien avoir des enfants pour se rendre compte des bêtises qu'on a pu dire et des préjugés qu'on a pu entretenir avant d'être soi-même parent. Mon mari avait parfois entendu dire par d'autres jeunes pères qu'ils avaient commencé à développer de l'attachement envers leurs enfants lorsqu'ils étaient un peu plus vieux, vers trois ou quatre ans, quand ils deviennent plus autonomes et que leurs aptitudes physiques et leurs capacités à communiquer se sont développées. Je peux vous décrire précisément le moment où mon mari a ressenti de l'attachement pour son premier-né. Étant de nature indépendante, je n'avais jamais eu besoin que mon mari m'accompagne dans mes différents rendez-vous avec des professionnels de la santé.

Je n'avais donc pas songé à l'inviter à m'accompagner à mon premier examen de routine vers la douzième semaine de grossesse. Quelle ne fut pas ma surprise de réaliser que l'infirmière pouvait maintenant me faire entendre le cœur de mon bébé à l'aide d'un simple appareil posé sur mon ventre. Je ressens encore aujourd'hui beaucoup d'émotion en repensant à ce moment si déterminant dans ma vie de mère : j'ai entendu battre le cœur de mon fils pour la première fois. J'ai vraiment pris conscience qu'il y avait un autre être humain qui grandissait là, à l'intérieur de moi. L'infirmière expérimentée dans ce genre d'examen avait l'habitude d'assister aux réactions des nouvelles mamans et elle a tout de suite compris mon émotion et mes regrets de ne pas partager ce moment avec le futur papa. Elle m'a dit d'emblée sans que je le lui demande que peut-être il aimerait aussi entendre le cœur de son fils par téléphone. Quelques minutes après lui avoir fait interrompre une réunion à son travail, mon mari a lui aussi été envahi par cette irrésistible vague d'émotion. Cette petite pause dans le récepteur du téléphone était le premier signe d'attachement entre le papa et le fiston.

N'en déplaise aux mouvements qui prônent la supériorité de l'allaitement maternel pour favoriser les rapports affectifs entre la mère et son enfant, je crois que c'est plutôt le fait de blottir son bébé contre sa poitrine et de fixer son regard dans le sien qui crée cet attachement. Aussi, ai-je rarement vu à ce jour un père démontrant autant d'attachement pour ses enfants. Pour lui comme pour moi, donner le biberon à nos fils était une occasion de serrer nos petits trésors contre nous et de créer un lien émotif important. Je crois qu'il ressentait exactement le même plaisir que moi. Pendant quelques minutes de calme, il faisait le plein d'amour et d'affection tout en emplissant le petit bedon de bébé.

Bien sûr, je crois que le lait maternel est préférable aux formules dites maternisées. Mais je pense que, dans le cas de notre famille, l'implication du père dans les tout premiers moments de la vie de nos enfants a enrichi leur relation. Il me considérait chanceuse d'être en communion avec nos fils lors de mes grossesses et regrettait de ne pouvoir expérimenter ce contact privilégié. Je parle bien sûr des mouvements et des coups de pieds adorables et non de l'incapacité de se mouvoir ni des nausées matinales. Il n'a toutefois pas manifesté autant d'intérêt à expérimenter l'accouchement et les heures de travail qui l'ont précédé.

Nous avons ce que j'appelle une connexion émotive avec nos enfants. Il nous importe de savoir qu'ils sont heureux et bien dans leur peau. Je décèle moi-même une pointe d'excès dans ces quelques lignes et ça me semble à l'image de ce que nous vivons réellement. Lorsque mon premier-né avait à peine quelques semaines, il restait éveillé de plus en plus longtemps l'après-midi et avait accumulé un certain manque de sommeil. Mon petit curieux aimait que je le prenne, pas pour se faire bercer, mais plutôt pour que je le tienne bien droit et qu'il puisse regarder autour de lui. Éventuellement, il finissait par être très fatigué, voire même trop fatigué pour s'endormir. Les crises de larmes faisaient alors leur apparition. «Les» crises étant la sienne et la mienne. Entendre mon bébé pleurer

durant parfois plus d'une heure et ne pas parvenir à
le consoler ni à l'endormir, alors qu'on m'avait assurée que les nouveaux-nés dormaient beaucoup,
était trop difficile à supporter pour la jeune mère
que j'étais. J'appelais alors le papa à la rescousse qui
partait du bureau à la hâte et arrivait à la maison en
fin d'après-midi. Il prenait son fils en larmes dans
ses bras, montait calmement dans la chambre à
coucher, déboutonnait sa chemise et couchait son
trésor sur sa poitrine. Dix minutes plus tard, tout le
monde dormait… et j'économisais sur la nourriture pour toute la famille. Je connais peu de
moyens plus efficaces de développer des liens affectifs entre un papa et son fils.

Ma décision de recourir aux préparations de lait
maternisé n'a jamais fait aucun doute dans mon esprit et n'a même pas fait l'objet de discussion avec
mon mari. Je n'avais aucun désir de faire autrement
et il était très respectueux de ma position quant à ce
choix. Je crois qu'il n'avait pas réalisé l'impact de
cette décision sur sa propre relation avec ses enfants.
Je vois bien aujourd'hui que le fait de lui permettre
de participer au boire du bébé de temps en temps
était un moment de plaisir et une occasion d'attachement qui se seraient sans doute transformés en déception et même en frustration s'il en avait été autrement.

Dans plusieurs aspects de la vie quotidienne, mon
mari a démontré de meilleures aptitudes que moi.
Quand il prenait en charge l'heure des bains, du
lavage de cheveux et du nettoyage des oreilles, je
pouvais lui faire confiance, au grand désarroi des
garçons!

## L'encadrement scolaire : un travail à temps plein

Ma tâche de mère de famille comporte plusieurs quarts de travail. Bien qu'ils fréquentent l'école publique et que le transport soit fourni par la commission scolaire, je prends en charge celui de mes enfants depuis quelques années. À ce sujet, j'ai entendu par le passé des commentaires qui me semblaient émaner de l'envie et de la frustration de parents ne pouvant offrir le même privilège à leurs enfants. Certaines personnes trouvent tout simplement inconcevable que je m'astreigne à cette routine alors que l'autobus s'arrête à quatre maisons de chez nous, matin et soir. Ils considèrent que mes enfants sont gâtés, puisqu'ils ne vivent pas la réalité de la plupart des écoliers qui doivent subir le stress de l'autobus scolaire et du service de garde. C'est selon eux un mauvais service à leur rendre parce qu'ils seront moins aptes à faire face à la réalité et à se débrouiller dans la vie. Je crois, au contraire, que le stress artificiel qui fait maintenant partie intégrante de la vie de la plupart des écoliers du primaire n'est pas un mal nécessaire et n'est pas utile à leur développement. Cette réalité découle de l'horaire du parent qui ne correspond pas à celui de l'école et les enfants ne peuvent rien y faire.

Lorsque je ramène mes enfants à la maison, il est quinze heures quarante-cinq. Ils disposent alors d'une heure complète pour se détendre et se changer les idées. Ils peuvent jouer, prendre une collation, regarder la télé ou ne rien faire du tout. En principe, ils sont ensuite davantage prêts à faire leurs devoirs. L'heure du souper n'est plus une période de crise où les parents exténués tentent de faire manger leurs enfants fatigués, qui n'ont pas eu de temps pour se détendre et doivent ensuite s'astreindre à faire leurs travaux scolaires. Il ne reste alors que très peu de répit avant la routine du coucher. Ce moment privilégié du retour de l'école est bénéfique pour eux comme pour moi. L'atmosphère familiale n'est plus perturbée par la fatigue et le stress du temps passé trop vite.

Je discutais dernièrement avec la mère d'un ami de mes enfants qui me demandait de lui rendre service en reconduisant son garçon à l'école avec les miens. Cette maman de trois enfants plus âgés que les miens reconnaissait la valeur de mes efforts et de mon dévouement en me certifiant que cette habitude pouvait compter énormément dans la vie d'un écolier. Elle travaille en tant qu'éducatrice spécialisée auprès d'enfants en difficulté d'apprentissage qui ont besoin d'un meilleur encadrement pour suivre le programme scolaire. Elle me confiait qu'elle avait remarqué à maintes reprises que l'environnement stressant du transport scolaire – supervisé par un chauffeur d'autobus n'ayant aucune formation pédagogique – devient un élément négatif et entraîne un début de journée empreint d'agressivité et de mauvaise disposition à l'apprentissage. Lorsque mon fils aîné a éprouvé lui-même des difficultés en troisième année, cette décision de le retirer du transport scolaire faisait partie des solutions apportées pour améliorer la situation. À cette époque, mon fils me répétait sans cesse qu'il « haïssait » prendre l'autobus. Nous avons constaté une amélioration après quelques jours seulement. Les conflits qu'il vivait à l'école se poursuivaient bien souvent dans l'autobus tout au long du trajet, si bien qu'il arrivait à la maison dans un état avancé d'irritation et d'agressivité. Cette nouvelle façon de faire n'était pas la solution à toutes ses difficultés mais, dès que la cloche sonnait, il montait dans ma voiture et se retrouvait à l'abri des moqueries et des altercations pour le reste de la journée.

Je crois bien que si on donnait le choix aux enfants de se faire véhiculer par leurs parents au lieu de prendre l'autobus scolaire, plusieurs chauffeurs se retrouveraient au chômage. Par mon statut de mère à temps plein, j'ai la possibilité de leur faciliter la vie pour qu'ils se concentrent sur les choses importantes et je n'hésite jamais à faire passer leurs besoins avant les miens.

Ma présence à l'école en fin d'après-midi me permet d'être plus au fait des situations qui peuvent survenir, particulièrement dans la cour de récréation. Bien que je m'informe tous les jours sur leurs activités scolaires, mes fils me répondent généralement qu'ils n'ont rien fait de spécial ou se contentent de souligner des événements anodins en omettant parfois de m'informer des incidents impliquant leur responsabilité. À en discuter avec d'autres mères de jeunes écoliers, il semble que ce soit un réflexe pour les enfants d'oublier volontairement ce qui serait digne de mention à leur retour à la maison.

Quoi qu'il en soit, j'ai surpris par hasard une altercation entre mon fils et une surveillante de l'école. Selon elle, il aurait bousculé d'autres élèves en tentant de sortir de la cour au lieu de faire la file avec les autres qui attendaient l'autobus. Toujours selon elle, il aurait ignoré sa demande de faire la file jusqu'à ce que ce soit à son tour de sortir. Lorsque j'ai aperçu mon fils, il bouillait de rage et refusait d'écouter les directives de l'enseignante en se bouchant les oreilles. Je suis intervenue en lui demandant de se calmer et en suggérant que nous en reparlions à la maison. Après avoir retrouvé son calme, il m'a expliqué que la surveillante ne voulait pas croire que je l'attendais dans la voiture et pensait qu'il essayait simplement de passer devant les autres. Elle l'avait alors agrippé par le manteau pour le repousser à l'intérieur de la cour d'école exigeant qu'il fasse la file comme les autres. Elle l'avait également avisé qu'il serait en retenue le lendemain pour avoir refusé de suivre les consignes. Je comprenais maintenant pourquoi il était dans un tel état quand je suis arrivée.

Si je n'étais pas allée le chercher ce jour-là, je n'en aurais probablement rien su. Je n'aurais pas assisté à l'incident et je n'aurais pas bénéficié de tous les éléments pour aider mon fils à faire le point. J'en ai donc profité pour le guider dans sa réflexion et dans les actions à prendre dans l'avenir. Je lui ai fait comprendre que l'impolitesse ne lui rapporterait jamais et que, quoi qu'il arrive, il valait toujours mieux qu'il prenne le temps de se calmer et d'expliquer son point de vue. Il considérait que la surveillante avait aussi ses torts et était d'accord pour que nous retournions la voir le lendemain matin pour qu'il tente de s'expliquer.

Mon fils a d'abord reconnu qu'il avait été impoli à son égard. Je me suis ensuite assurée qu'elle reconnaisse son tort de présumer qu'il mentait et que son geste déplacé était l'élément déclencheur de la colère de mon fils. À l'issue de cette brève rencontre, il était déçu que la sanction n'ait pas été annulée. Par contre, il a apprécié les excuses de la surveillante et était confiant qu'elle éviterait à l'avenir d'abuser de son autorité. Malgré la frustration de la retenue, il a marqué des points en s'expliquant et a réalisé l'importance de clarifier les situations. Qui ne risque rien n'a rien.

## L'heure des devoirs

Notre vie de famille est structurée de manière à ce que chacun ait des moments de détente où aucune activité n'est prévue. Je sais que les enfants ont grand besoin de cette pause après l'école pour refaire le plein d'énergie et laisser libre cours à leur créativité. Cela dit, comme bien des mères dont le premier enfant fait son entrée à l'école, j'ai été franchement déroutée par la corvée de « l'heure des devoirs ».

Ma seule référence en cette matière était mon expérience personnelle ainsi que celle de mon frère et de ma sœur. J'étais une petite fille docile et studieuse et j'aimais aller à l'école. Je me rappelle même avoir souvent « joué à l'école » avec ma grande sœur avant d'être en âge d'y aller. J'ai conservé tous les bulletins de mes années primaires et secondaires et je peux y lire un commentaire que les professeurs faisaient régulièrement à mes parents : « Elle est docile et elle a de la facilité à apprendre. » Ma mère ne se rappelle pas que l'heure des devoirs ait soulevé des problèmes.

C'est une tout autre histoire en ce qui concerne mes enfants. Bien qu'ils soient intelligents et curieux, ils n'apprécient guère devoir rester assis à une petite table à écouter un professeur leur enseigner des choses qui sont la plupart du temps hors de leurs champs d'intérêt. Alors imaginez leur empressement à retomber dans ces mêmes matières à l'heure des devoirs! J'étais une jeune mère inexpérimentée et désireuse de bien faire. Malgré mes efforts pour structurer cette période d'étude, mes fils manifestaient très peu d'enthousiasme. Je m'inquiétais dès lors de leur motivation à devenir quelqu'un dans la vie. Je voyais encore trop loin, trop vite. Ma trop grande implication effrayait la leur qui se sauvait à toutes jambes et c'était alors le début des hostilités. Plus j'insistais, plus ils se rebutaient et plus j'étais découragée.

Avec l'expérience, j'ai pris conscience que mon insistance les irritait et j'ai essayé une approche différente faisant place à l'autonomie et à leurs préférences pour certaines matières. J'ai aussi appris à leur laisser vivre les conséquences directes de leurs actes, c'est-à-dire à faire face aux réprimandes du professeur pour un devoir qu'ils n'ont pas fait plutôt qu'à ma déception et mon impatience. Il leur est arrivé de ne pas remettre leurs travaux scolaires à temps et ils ont rarement des notes parfaites, mais cette approche est beaucoup plus efficace et m'évite de tenir le rôle de la marâtre qui torture ses enfants en les obligeant à faire leurs devoirs.

Comment se fait-il que les travaux scolaires à la maison soient devenus une telle corvée à notre époque? Que s'est-il passé en trente ans pour que la supervision des devoirs exige tant d'implication des parents que plusieurs ont maintenant recours à des ressources extérieures qui viennent aider leurs enfants, un ou deux soirs par semaine, dans leurs travaux scolaires? Je n'étais peut-être pas une première de classe mais j'ai toujours bien fait à l'école. Je remettais mes travaux scolaires à temps et ma mère n'a pas souvenir d'avoir dû intervenir de manière importante pour m'aider. Chacun s'installait à la table de la cuisine ou dans sa chambre, et les devoirs étaient habituellement exécutés à temps et à la satisfaction des professeurs.

Ma mère s'étonne aussi que mes enfants terminent l'école de si bonne heure et qu'ils aient tant de congés pédagogiques. Elle sait à quel point c'était éreintant de cumuler travail et famille et elle est soulagée de me savoir en retrait de cette course quotidienne. Je suis moi-même surprise par le fardeau additionnel que représente pour les parents la gestion des services de garde avant et après l'école et toutes les journées de congé au cours d'une année scolaire. Comment se fait-il que l'école se termine de plus en plus tôt alors qu'on exige des travailleurs de faire de plus longues journées? Il y aurait peut-être lieu de se pencher sérieusement sur la question.

Cette période de la journée me pesait davantage il y a quelques années. Mes enfants avaient beaucoup de travaux à faire et rien n'avançait sans mon intervention. Par exemple, mon fils de huit ans alors en deuxième année devait presque chaque soir étudier des mots de vocabulaire en anglais et en français, rédiger quelques phrases pour les mettre en pratique et faire une lecture obligatoire. Il devait aussi parfois compléter un devoir en mathématiques ou répéter les tables d'addition et de soustraction. La somme de ces travaux représentait souvent plus d'une heure de travail supervisé par le parent.

Mes enfants fréquentent l'école publique, et je sais pertinemment que la plupart des écoles privées imposent davantage de travaux à la maison. Une amie, installée aux États-Unis depuis quelques années, a un fils qui fréquente également l'école primaire. Elle me confiait qu'au début de l'après-midi, son fils a une période de devoirs et de leçons supervisée par le professeur. Lorsque l'école se termine vers seize heures – une heure plus tard qu'au Québec – il n'a pas de travaux scolaires à faire à la maison et il est libre de s'adonner à ses activités. Les élèves sont mieux disposés à étudier au début de l'après-midi qu'à l'heure du souper, et leurs parents profitent alors davantage de leur présence. Il est clair que les parents compensent pour la diminution des heures d'enseignement en endossant le rôle de professeur à la maison.

Dès la première année du primaire, j'ai commencé à ressentir la pression du milieu scolaire lorsque mon fils était âgé de six ans. Bien qu'il ait fréquenté cette école depuis déjà deux ans pour sa prématernelle et sa maternelle, nous avons constaté avec stupéfaction qu'il avait déjà du retard en écriture et en lecture par rapport aux autres élèves de sa classe. Lors de la rencontre de début d'année avec son enseignante, elle a informé notre groupe de parents qu'à ce stade de leur développement, elle s'attendait à ce que les enfants sachent déjà écrire et lire au son, ce qui n'était pas le cas de mon fils. Je dois avouer qu'il n'était pas beaucoup attiré par ces matières, mais je soupçonne un manque de la part des enseignantes chargées de le préparer pour sa première année. J'étais outrée par cette constatation et déçue de l'attitude de cette enseignante qui ne s'était pas donné la peine de me rassurer en me disant que je ne devais pas m'inquiéter et que tout rentrerait dans l'ordre rapidement.

Dès lors, la maman à la maison a dû mettre en place toute une panoplie de solutions palliatives pour aider son fils à suivre le programme scolaire. Qu'il s'agisse de techniques de jeux avec des cartons pour les sons, de lettres magnétiques collées sur le frigo, d'un tableau avec craies de couleur et d'innombrables récompenses, je devais compenser à la maison pour les manques en milieu scolaire. Car plus l'année avançait, plus mon fils se sentait inapte et se dévalorisait. Pour ne rien faciliter, l'école qu'il fréquentait mettait en place la nouvelle réforme de l'éducation en instaurant un système d'enseignement par cycles. L'opération se résumait à regrouper deux niveaux scolaires dans chaque classe, dans le but, semble-t-il, de stimuler les plus jeunes par l'exemple des plus vieux. Il partageait donc sa classe avec des élèves de deuxième année. Alors qu'il n'arrivait à écrire que quelques mots à peine lisibles, certains élèves doués de deuxième année rédigeaient sans problèmes des pages de texte durant le même laps de temps. Rien pour lui donner confiance en lui, bien au contraire. Il a souffert de ce manque de confiance jusqu'à la fin de la quatrième année. Avec un suivi soutenu à la maison et avec beaucoup d'exercices supplémentaires qu'il n'appréciait guère, il a rattrapé son retard et il est maintenant très à l'aise avec l'écriture et la lecture. Aujourd'hui, il apprécie davantage l'école et les différentes matières qu'il découvre au fil des ans.

Les efforts déployés par les mères de famille mettent parfois longtemps avant d'être récompensés. À ce chapitre, mon jour de paie est arrivé un peu plus tard. Peu avant la fin de sa cinquième année, j'ai vraiment fait plaisir à mon fils en l'amenant avec moi à la librairie pour qu'il puisse s'acheter le deuxième tome d'une collection de science-fiction. Il avait dévoré le premier volume de trois cent trente et quelques pages en une dizaine de jours. Après avoir fini la lecture de ce roman, il était triste et m'a confié qu'il ne croyait pas pouvoir trouver un jour un autre livre aussi passionnant. Et il n'avait que dix ans! Il a par la suite découvert plusieurs autres collections et il se plonge dans les aventures de ses héros tous les soirs avant de s'endormir. Il se questionne même sur la pertinence de se concentrer sur un seul livre à la fois, de commencer par celui qu'il aime le moins ou par son préféré. Je crois bien qu'il a vraiment découvert le plaisir de la lecture ainsi que de l'écriture, car il a commencé la rédaction d'une bande dessinée à peu près au moment où j'ai débuté le présent ouvrage. Peut-être y aura-t-il un jour de paie pour lui aussi.

Vers onze ans, mon fils aîné était enfin mieux disposé pour l'école. J'avais déjà entendu dire que la majorité des filles sont prêtes pour l'apprentissage discipliné plus tôt que les garçons et cette notion s'est révélée exacte dans le cas de notre fils. Elle s'est également avérée très rassurante pour moi. C'est maintenant une tâche beaucoup moins épuisante de le stimuler et de l'encourager à étudier et à faire tous ses travaux scolaires. Il démontre une autonomie et un enthousiasme qui font plaisir à voir et ses excellents résultats récompensent ses efforts. Malheureusement, son jeune frère suit sa trace en tout point et je dois m'armer de patience pour passer à travers les prochaines années avant que lui aussi développe de bonnes dispositions à l'apprentissage.

Il me semble tout de même que l'école pourrait répondre davantage aux besoins des enfants et de leurs parents. Le principe de la période de devoirs au début de l'après-midi m'apparaît tout à fait sensé. Les classes pourraient alors se prolonger jusqu'à seize heures. Les enfants auraient seulement quelques lectures ou recherches à faire à la maison. Et que dire des économies en frais de garderie pour les parents ?

En attendant la « vraie » réforme scolaire, ce que mes enfants préfèrent quand ils reviennent de l'école, c'est d'être libres. Après avoir passé la journée à être attentifs et à suivre des consignes, ils ont d'abord besoin de se détendre et de s'amuser. Oui, je crois qu'ils sont privilégiés d'avoir leur mère à la maison et je suis convaincue que ma disponibilité vaut son pesant d'or.

## Le soutien du conjoint

J'imagine que pour bien des femmes qui cumulent travail et famille, le conjoint peut jouer un rôle important lors du retour à la maison. La supervision des devoirs peut alors se partager entre les deux parents pour ainsi faire avancer les choses de manière plus acceptable même si, avec de jeunes enfants, j'ai bien souvent l'impression que les choses avancent à pas de tortue, quelle que soit la personne qui s'en occupe.

En ce qui concerne la dynamique de notre famille, mon mari est généralement de retour après dix-neuf heures et est rarement présent à ce moment critique de la journée. Cependant, il compense largement ses absences par son affection sincère et son intérêt insatiable pour tout ce qui concerne ses fistons. Chaque fois qu'il en a l'occasion, il leur transmet des foules de connaissances et de l'information et s'informe régulièrement de leurs journées et de leurs travaux scolaires. Il ne manque jamais de se rendre disponible pour toutes les activités spéciales entourant l'école, qu'elles soient sportives ou récréatives. Lui et moi formons une équipe et je ne manque jamais de lui dresser un rapport complet des occupations de ses petits protégés.

Notre horaire familial prévoit beaucoup de temps pour les relations avec les amis ainsi que pour l'activité physique. Mon mari et moi consacrons une grande partie de nos temps libres à superviser les activités que les enfants choisissent d'une saison à l'autre. Nous avons donc eu l'occasion d'assister à des parties de hockey à l'aréna, à des cours de karaté dans le dojo, à des matchs de football au stade, à des régates de canoë-kayak au bassin olympique, à des journées de planche à neige au centre de ski et bientôt à des spectacles de breakdance au studio et à des compétitions de basket-ball au gymnase! Venise et les sérénades de ses gondoliers ne font plus partie du programme.

Pour éviter de nous perdre de vue, mon mari et moi avons pris l'habitude de nous réserver régulièrement des soirées en tête-à-tête dans cet horaire conçu autour de la famille. Mais en toute honnêteté, nous apprécions beaucoup la présence de nos fils dont les personnalités se précisent avec le temps. Plus ils vieillissent, plus nous sommes fascinés par leur métamorphose.

Mon enfance était loin d'être aussi active que celle de mes enfants. Il n'y avait pas d'activités structurées après l'école ni les fins de semaine, outre quelques

cours de folklore et quelques activités d'athlétisme à
la fin de l'année scolaire. Je n'ai pas souvenir non
plus qu'il y ait eu de service de garde à l'école et, naturellement, les élèves retournaient chez eux où leur
mère ou un adulte responsable les attendait. Je ne
pense pas non plus que l'école se terminait à quinze
heures comme c'est le cas aujourd'hui, mais plutôt
vers seize heures ou seize heures trente.

J'étais une enfant calme et rêveuse et j'adorais me
réfugier dans mes pensées pour imaginer des situations dans lesquelles je me sentais bien. Chez mon fils
cadet, ce trait de caractère est encore plus marqué. Je
crois qu'il vit deux vies parallèles. Celle où il interagit
avec le monde réel et celle où il vit dans sa tête. Parfois, quand je le réveille le matin, il me dit que je
viens d'interrompre le plus beau moment de son rêve.
Il aime pratiquer certaines activités organisées quelques fois par semaine et aime également jouer avec ses
copains. Mais lorsqu'il est seul, il s'ennuie rarement. Il
a besoin de cette période de repos après l'école pour
être libre de rêvasser ou de jouer à ce qui lui plaît.

## Prêts à être parents : la chute des préjugés

Parmi les conditions importantes qui permettent de
s'épanouir dans la profession de mère au foyer, certaines sont essentielles. Entre autres, la maturité de
la mère, son âge et l'expérience qu'elle possède
lorsqu'elle décide d'avoir ses enfants. Lorsque je suis
devenue mère, j'étais prête à accueillir mes enfants et
à leur donner toute mon attention sans toutefois
m'oublier complètement dans le processus. J'étais une
jeune femme accomplie et je pouvais maintenant me

tourner vers les besoins de quelqu'un d'autre et donner sans frustration, sans avoir le sentiment de ne rien recevoir en retour. J'ai choisi de leur consacrer toute mon attention et je n'ai pas de manques à combler qui briment ma relation avec eux.

Si j'avais eu mes enfants dix ans plus tôt, au début de notre mariage, notre relation aurait été bien différente. Il y aurait eu conflit d'intérêts. Leur bien-être aurait prévalu sur le mien et le sentiment que mes besoins n'étaient plus prioritaires aurait pesé lourd. J'aurais sans doute essayé de tout faire en même temps comme la majorité des femmes le font aujourd'hui. J'aurais eu des regrets de laisser passer des possibilités d'avancement, des projets de voyage et de négliger mes relations avec ma famille et mes amis. Je suis persuadée que mes enfants auraient payé une partie de la facture de ces frustrations. Ça aurait sans doute changé ma relation avec eux et la perception de mon rôle. Avant leur arrivée, j'avais autre chose à accomplir et j'ai attendu d'être prête avant de transformer ma vie.

J'étais cependant loin de réaliser l'importance de la responsabilité parentale. Aussi, beaucoup de préjugés sont tombés avec l'expérience. Mon mari et moi répétions à qui voulait l'entendre que nous continuerions nos activités de couple et que nous ferions garder les enfants pour continuer d'entretenir notre relation. Il est vrai que nous avons continué de faire des activités… avec les enfants! Je crois que plus on est vieux lorsqu'on devient parent, plus on est «gâteux». Nous en sommes une preuve vivante. Notre famille étendue a toujours été disponible pour garder nos enfants pour nous permettre de faire des sorties de quelques heures et même pour un ou deux voyages. Mais nous sommes tellement attachés à eux que nous préférons leur faire partager nos découvertes plutôt que de partir sans eux.

Nous avons célébré notre vingtième anniversaire de mariage il y a trois ans et, pour cette occasion, mon mari avait envisagé la possibilité d'une petite escapade à New York juste tous les deux, histoire de célébrer cet exploit de plus en plus rare à notre époque. L'idée m'emballait et je me suis empressée de démontrer mon enthousiasme... et d'avouer à quel point ce serait dommage que les enfants ne nous accompagnent pas! Il m'arrive d'être ridicule mais cette fois, je n'étais pas la seule. Mon mari aussi avait pensé que les enfants seraient déçus de ne pas nous accompagner et que leur absence gâcherait un peu notre plaisir. Tout de même, un vingtième anniversaire de mariage peut bien se célébrer sans les enfants. Depuis ce temps, nous sommes toujours en réflexion sur la question.

J'avais également comme préjugé que les mères submergées de travail manquaient tout simplement d'organisation pour arriver à tout faire. Aujourd'hui, je ne travaille plus à l'extérieur et il n'est pas rare que j'aie l'impression de courir et de remettre à plus tard un tas de choses que je n'ai pu faire à temps. À mon retour au travail après la naissance de mon aîné, je croyais avoir tout prévu et n'avoir qu'à suivre mon plan d'action. J'ai évidemment réalisé, comme toutes les mères, que les enfants ne connaissent pas ce plan ou encore qu'ils s'évertuent à ne pas le suivre. Le plaisir de passer de bons moments avec eux dans un climat détendu et agréable n'avait pas non plus été inscrit clairement à l'agenda.

Toujours au chapitre des préjugés, j'étais persuadée qu'un enfant qui offrait le classique spectacle d'une crise de larmes, couché par terre dans un endroit public, était forcément le résultat de pauvres aptitudes parentales. À l'époque, il me semblait évident que ces parents n'avaient pas éduqué leur enfant correctement en lui expliquant comment se comporter en public, comment s'exprimer calmement sans élever la voix et comment être raisonnable et ne pas demander qu'on lui achète tout ce qu'il voit sur les étalages. Aujourd'hui, je remercie les gens compréhensifs qui ont croisé mon chemin dans de pareilles circonstances.

La plupart de mes préjugés sont tombés les uns après les autres au fil des ans. Les enfants ont leur volonté propre et j'ai souvent été déroutée de constater combien elle est coriace. J'ai appris à «acheter la paix» et à laisser tomber bien des attentes. Par exemple, malgré mon désir de nourrir mes petits sainement, mon aîné n'a pratiquement rien mangé d'autre que du Pablum et du lait au chocolat pendant des mois vers l'âge de deux ou trois ans. J'ai certainement fait alors moi-même l'objet de préjugés de la part de gens qui n'ont jamais eu d'enfants eux-mêmes. Si jeunesse savait!

## Les querelles :
## insupportables ou indispensables?

Pourquoi ai-je tant de difficulté à supporter les querelles occasionnelles de mes enfants? Les divergences d'opinion et les discussions font pourtant partie de la vie et il est important pour eux de développer leurs habiletés à discuter et à défendre leurs opinions. Mais de les voir monter en épingle une situation insignifiante jusqu'à en venir aux coups, c'est plus que je ne peux supporter et je réagis immanquablement. Je sais pourtant que c'est préférable pour mon cadet d'y faire face pour développer sa confiance. Et je sais aussi que c'est préférable pour mon aîné de régler lui-même une dispute et de savoir ramener la discussion sur un chemin plus amical. Ces échanges parfois musclés sont inévitables pour développer des attitudes positives, mais que ces querelles peuvent parfois m'irriter!

Ils arrivent pourtant à s'en sortir quand nous ne sommes pas là pour intervenir. Toutefois, quand je suis témoin d'une dispute, c'est plus fort que moi. Je veux aider mon cadet qui prend encore souvent le rôle du pauvre petit frère victime de la supériorité physique et psychologique de son grand frère. Je veux aussi que mon aîné cesse de diriger l'environnement de son frère et de vouloir gagner sur tous les terrains. Là aussi, les techniques de renforcement me sont utiles lorsque j'ai le réflexe de les mettre en application. Au lieu de l'accuser et de le déclarer coupable sans même avoir assisté à l'incident, je peux lui rappeler qu'il est un bon grand frère et qu'il possède maintenant le jugement et les capacités nécessaires pour trouver un terrain d'entente. Il obtiendra davantage la collaboration de son frère en employant un ton amical. Le plus difficile, c'est d'ignorer mes propres sentiments face à la situation.

Quand je perds mon calme après plusieurs minutes de cette interminable querelle, que je sais très bien qu'ils ont tous deux dépassé le point de non-retour et qu'ils peuvent en venir aux coups, j'interviens en haussant le ton. De plusieurs degrés. Comme j'agis rarement de cette façon, mon attitude les saisit tellement qu'ils cessent immédiatement les hostilités et deviennent muets de stupeur. La plupart du temps, la chose se produit lorsque qu'ils sont confinés sans grand-chose d'intéressant à faire, comme dans la voiture. La mère parfaite trouverait toujours quelque activité verbale distrayante lors des déplacements en voiture, mais comme je ne le suis pas, il leur arrive de ne rien trouver de mieux à faire que de s'en prendre l'un à l'autre. Après une intervention aussi brutale, personne ne prononce plus une seule parole du trajet. Eux, parce qu'ils sont abasourdis et rongés par le remords d'avoir déçu leur maman et moi, parce que j'ai besoin de reprendre mon calme et d'apaiser le mal de gorge qui me ronge.

Nous arrivons généralement à destination avant que la tension soit redescendue et que je puisse reprendre la parole. Je me sens misérable si je les laisse à l'école après une telle crise. Ils ont le regard plein de doutes et partent avec leurs remords pour toute la journée. Ils ne reprendront contact avec moi qu'en fin d'après-midi en espérant que je leur aurai pardonné. Ils savent bien que je leur pardonne toujours, mais ils ont besoin de le voir dans mon regard et de bénéficier d'un câlin réparateur pour eux comme pour moi. Même entre adultes, on a besoin de faire la paix et de se serrer la main lorsqu'on veut en finir avec une situation de conflit. Comme bien des adultes, les enfants ont tendance à altérer leur image de soi dans les situations négatives, et il est important de leur rappeler qu'ils sont de bons enfants et que

chacun de nous peut faire un petit examen de conscience pour éviter une telle escalade dans l'avenir, y
compris leur maman qui a de toute évidence perdu
patience cette fois-là.

Il m'arrive plus rarement maintenant de perdre mon
calme avec les enfants. Lorsqu'ils étaient plus jeunes,
j'avoue que l'épuisement et l'impuissance devant certaines situations m'ont trop souvent poussée à laisser
exploser ma colère en désespoir de cause. Depuis
quelques années, j'ai appris à mieux gérer mes frustrations devant leurs comportements et à exprimer calmement ma désapprobation et ma déception. Mais la
perfection n'étant pas de ce monde, il m'arrive encore
d'avoir des faiblesses comme ce fut le cas il y a un certain temps, toujours dans la voiture. Cette fois, j'étais
tellement hors de moi que j'ai dû immobiliser l'automobile sur le bord de la route pour leur exprimer à
quel point leur querelle m'irritait. J'ai bien sûr obtenu
immédiatement la reddition des deux parties impli-
quées et le silence complet jusqu'à notre arrivée à
l'école. Je me sentais à nouveau inadéquate en tant
que figure parentale. J'exige d'eux qu'ils s'adressent à
moi avec respect sur un ton calme et moi je me permets de leur crier après. Je n'aurais jamais toléré un tel
comportement de leur part et pourtant, c'est l'exemple que je leur ai donné ce matin-là.

On ne dispose pas d'assez de temps dans toute une
vie pour parvenir à la perfection, et mes enfants sont
à même de le constater chaque fois que je me
trompe. Je tiens à ce qu'ils sachent que je n'attends
pas d'eux non plus qu'ils soient parfaits. Ils ont droit
à l'erreur et ils ont le droit d'apprendre de leurs
erreurs et aussi des miennes. Cela ne veut pas dire

pour autant que je cesserai d'être exigeante, que je n'attendrai pas qu'ils déploient davantage d'efforts pour obtenir les meilleurs résultats possibles. Il y a une différence importante entre exiger le maximum et exiger la perfection. Ils démontrent encore une certaine réticence à assimiler la notion de l'effort, et c'est surtout sur cet aspect de leur développement que je suis exigeante. Lorsqu'ils seront adultes, ils ne seront toujours pas parfaits, mais ils auront peut-être le sentiment d'avoir fait de leur mieux pour atteindre leurs objectifs.

## Le « contrôle » parental

J'ai réalisé que mes parents avaient dû faire face au même sentiment d'incapacité à prévoir et à contrôler les faits et gestes de leurs enfants. Pas à cause de moi bien sûr, puisque j'étais une enfant modèle... Ce doit être vrai, car ma mère me l'a encore répété il y a quelques temps. C'était plutôt ma grande sœur que j'aime beaucoup qui les déroutait comme bien des aînés et qui leur donnait du fil à retordre. Mon fils aîné me fait beaucoup penser à elle par son caractère fougueux et fonceur alors que mon cadet me ressemble par son tempérament réfléchi et prudent. Dès les premières années de sa vie, j'avais le sentiment que mon aîné évoluait trop vite, qu'il brûlait les étapes, et je n'arrivais pas à suivre son rythme. Je l'empêchais souvent de faire ce qu'il voulait, car je craignais pour sa sécurité.

Après lui avoir raconté une énième aventure inimaginable dans laquelle mon fils s'était lancé, mon père m'a raconté qu'il avait très souvent été dérouté lui-même devant les comportements de ma sœur quand elle était toute petite. Lorsqu'elle avait à peine trois ou quatre ans, notre rue était encore peu développée et était adjacente à de grandes étendues de neige durant l'hiver. Ma sœur avait échappé à la surveillance de mes parents et s'était aventurée dans la neige épaisse. Elle avait marché longtemps jusqu'à ne plus pouvoir avancer. Après être parti à sa recherche, mon père l'a retrouvée enfoncée jusqu'à la taille, ne pouvant plus bouger, épuisée et haletante. Il a dû user de toute sa force pour la déloger de sa fâcheuse position et la ramener sur son dos jusqu'à la maison tout en enfonçant dans la neige à chaque enjambée. Mes parents étaient souvent inquiets des réactions de ma sœur et craignaient aussi pour sa sécurité.

J'ai mis quelques années à accepter la nature aventurière de mon fiston. Plus je l'empêchais d'agir à sa guise, plus il emmagasinait de la frustration et réagissait en défiant mon autorité. Il est embarrassant d'admettre à quel point un jeune enfant peut avoir de l'emprise sur deux adultes intelligents au point de leur faire douter de leur capacité à l'élever convenablement. Aujourd'hui, je suis plutôt permissive avec eux. J'obtiens d'avantage leur collaboration s'ils savent qu'ils peuvent faire ce qu'ils aiment en respectant certaines règles. Par exemple, ils peuvent toujours aller jouer au parc ou chez leurs amis pourvu qu'ils me préviennent de leurs déplacements. Ils ont compris que l'inquiétude est le facteur déterminant dans ma décision à leur accorder une permission. S'ils adoptent un comportement rassurant en me laissant savoir où ils vont, avec qui ils sont et à quelle heure ils rentrent, ils auront le droit d'y aller.

S'ils négligent de me rassurer, ils savent qu'ils en paieront le prix la prochaine fois en voyant leur demande refusée.

Ma mère me confiait qu'elle croit que les parents d'aujourd'hui ont davantage de mérite d'élever des enfants. Autrefois, la drogue, la prostitution, le suicide ou l'intimidation apparaissaient généralement plus tard dans la vie des enfants. Ces dangers sont réels et la prévention est nécessaire. Je me renseigne et j'essaie de lire sur la réalité des jeunes, bien que parfois je porte encore mes « lunettes roses » pour éviter de croire que mes enfants vont nécessairement devoir vivre des expériences difficiles avant d'être tirés d'affaire. Je leur en parle ouvertement en tenant compte de leur âge et de leur stade de développement. J'ai davantage de conversations avec mon aîné, car il commence à vivre des situations où des choix s'imposent : suivre les autres jeunes ou s'éloigner et éviter les ennuis.

Je m'interroge parfois sur les limites à respecter dans l'information que je leur donne. J'attends qu'ils démontrent de l'intérêt avant d'aborder certains sujets. Il ne sert à rien de les prévenir d'un danger qu'ils ne sont pas encore en âge d'envisager. S'ils posent une question précise, je donne une réponse honnête sans pour autant entrer dans les détails inappropriés pour leur âge.

Ils sont bombardés d'information par la télévision, les journaux et les ragots de leurs camarades. Je tente de déceler ce qui peut les inquiéter et de corriger l'information mal interprétée. J'ai beaucoup de pudeur à aborder certains sujets comme le suicide ou la prostitution juvénile, par exemple. Les médias en

font grand état et, à mon avis, ils ne devraient pas savoir que ça existe avant bien des années. Mais je ne
peux pas passer sous silence ce qu'ils savent déjà et je
dois les rassurer et les informer. Il me semble important aussi de leur éviter l'humiliation de l'ignorance
et de la naïveté vis-à-vis de leurs camarades. Dès
neuf ou dix ans, les enfants aiment bien prouver
qu'ils connaissent beaucoup de choses et deviennent
rapidement embarrassés lorsque leurs amis discutent
d'un sujet qu'ils ignorent. Sans leur donner plus de
détails qu'ils ne sont en mesure de comprendre, il est
possible de les informer et de les tenir au courant des
sujets d'actualité.

Jusqu'où faut-il aller quand il s'agit de prévention?
Je veux bien les aider à se protéger eux-mêmes des
dangers qui les menacent, mais je ne veux pas pour
autant les inquiéter démesurément en leur dressant un
portait sombre de notre société. Je veux qu'ils sachent
que la vie est belle et que leur avenir est prometteur.
S'ils pensent déjà à leur âge que leur route sera cou-
verte d'embûches et qu'ils devront affronter les pires
individus pour atteindre leur but, je crains qu'ils
n'abandonnent avant même d'avoir commencé.

À écouter toute l'information diffusée autour de
nous, il est facile de sombrer dans le cynisme et de
croire qu'il n'y a plus personne d'honnête. Les figures
de pouvoir, les politiciens ou les dirigeants d'organismes publics sont-ils tous corrompus et sous l'emprise
du chantage pour conserver leur pouvoir et leur
image? La balance a-t-elle fini par basculer du côté de
la malhonnêteté et du crime ou reste-t-il encore des
gens bons et honnêtes sur qui mes enfants pourront
compter au cours de leur vie? Je suis devenue mère

avec une bonne dose d'optimisme à laquelle je m'accroche tous les jours. Je tente d'en imprégner l'esprit de mes enfants et je souhaite que cette attitude influence leur vision de la vie qui s'ouvre devant eux.

Vers la fin de l'adolescence, je n'avais pas encore développé le réflexe d'aller chercher des ressources à l'extérieur du giron familial. J'étais plutôt réservée et il m'a fallu beaucoup de temps et d'efforts pour surmonter ma timidité. J'étais gênée d'avouer que je n'avais pas la réponse à une question et que j'avais besoin d'aide. Je constate cette réticence à avouer leurs faiblesses chez bien des adultes et je veux éviter à mes enfants ce fossé dans leurs communications avec leur entourage. Je prêche par l'exemple et par l'encouragement. Je leur raconte souvent ce que j'ai fait dans ma journée et je n'hésite pas à leur dire que j'ai eu besoin d'aide pour réaliser mes projets. S'ils ont des questions auxquelles je n'ai pas la réponse, je leur suggère souvent de demander à un membre de la famille ou à un spécialiste dans le domaine. Non seulement y trouveront-ils réponse à leur question, mais ils découvriront également un point de vue différent du nôtre et seront à même de prendre une décision mieux éclairée. Je les renvoie aussi très souvent au dictionnaire qui est un de mes livres préférés. Malheureusement, l'effort les rebute encore et je devrai attendre quelques années pour leur faire apprécier la valeur inestimable de cet outil de travail.

## Choisir ses batailles

L'obligation de s'instruire et de terminer un cours universitaire se trouve au haut de notre liste de priorités

familiales, et ce plan d'action n'est pas négociable pour
nos enfants. Ils ont la chance d'avoir des parents qui les
y encouragent et ils devront s'y résoudre s'ils veulent
choisir leur avenir et éviter la guerre que nous leur li-
vrerons autrement!

C'est ce qui me motive à chercher les meilleurs
outils pour leur faire apprécier l'école et les études
dès maintenant. Nous tentons de les intéresser aux
avantages de l'instruction pour qu'ils développent des
aptitudes pour apprendre et le goût des études. Nous
sommes conscients qu'ils sont privilégiés de pouvoir
s'instruire en langue anglaise et que ce parcours leur
ouvrira les portes de plusieurs collèges et universités,
pas seulement dans leur ville natale. Nos rêves et nos
espoirs guident inconsciemment nos actions. En pla-
çant la barre un peu plus haut, on a de meilleures
chances d'atteindre le sommet.

Mon mari et moi sommes des citoyens du monde
et nous nous efforçons de transmettre notre goût des
voyages à nos enfants. Leur vision des études est
élargie parce qu'ils peuvent déjà y associer la notion
des voyages à l'étranger. Lorsque mon fils aîné était
âgé de dix ans, il parlait déjà d'aller étudier aux
États-Unis pour pouvoir faire partie d'une équipe
sportive universitaire et il avait des idées bien arrê-
tées sur le sujet. Nous étions ravis de constater que
l'idée des études supérieures commençait déjà à
germer dans son esprit et nous avons sauté sur l'occasion pour l'encourager dans son rêve, bien qu'il ait
déjà changé d'idée depuis ce temps. L'influence des
aînés sur leurs jeunes frères et sœurs s'avère parfois
positive, car son jeune frère parle aussi d'étudier à
l'étranger. Il est résolu à fréquenter la prestigieuse

université Harvard qui lui ouvrira les portes de l'archéologie et des civilisations anciennes. Et notre fonds de retraite fera alors lui aussi partie des espèces disparues…

Bien que j'aie des rêves pour l'avenir personnel et professionnel de mes enfants, je n'ai pas d'idée préconçue sur le genre de profession qu'ils devraient exercer. J'ai plutôt des réserves – peut-être à tort – sur les emplois exigeant qu'ils se soumettent à une forte autorité, comme l'armée par exemple. J'aimerais qu'ils conservent autant que possible leur individualité et une certaine autonomie dans l'exercice de leur profession. Je ne voudrais pas non plus qu'ils substituent le jugement d'un mouvement de groupe au leur. Je ne leur impose pas mes choix, mais j'influence certainement leur cheminement en stimulant le développement de leur personnalité, en particulier la confiance en soi et la capacité à socialiser.

Récemment, nous avons fait un voyage dans la région de Boston au cours duquel nous avons amené nos fistons sur les campus universitaires des établissements de Harvard et de MIT (Massachussett's Institute of Technology). Lors de cette dernière visite, nous étions privilégiés d'avoir comme guide le fils d'un de nos amis qui y effectuait sa deuxième année de doctorat portant sur l'intelligence artificielle. Ce jeune homme doté d'une extrême gentillesse a laissé de côté son emploi du temps surchargé pour partager avec nous deux heures de visite remplies d'information, d'anecdotes et de découvertes qu'il nous aurait été impossible d'apprécier autrement. Mes fils ont craqué lorsqu'il nous a permis de nous introduire dans un laboratoire pour observer des prototypes de robots en construction. Cette visite incomparable s'est avérée l'un des points culminants de notre voyage. Non seulement nos enfants ont maintenant une image concrète de l'endroit, mais ils ont en plus une référence en la personne de ce jeune homme de chez nous qui a fait son chemin jusque-là grâce à ses efforts et à son intérêt marqué pour cette sphère de la technologie. C'est une chance d'avoir la possibilité de faire des études universitaires. C'est un privilège d'y être encouragé par un ami qui sait communiquer sa passion et son succès. Il me semble que mes enfants ont déjà bénéficié de ce voyage et je ne serais pas contre l'idée de retourner dans cette belle région pour réaliser d'autres rêves.

Je sais que ce sont les études qui mèneront mes enfants vers la liberté de choisir leur avenir et je m'implique autant qu'il est souhaitable de le faire dans leurs travaux scolaires. Nos efforts portent fruit. À la fin de sa sixième année, les efforts soutenus de mon fils à l'école lui ont valu le meilleur bulletin scolaire jusqu'alors. Voici une partie des commentaires de son professeur : « Il est brillant en mathématiques. Il démontre une grande compréhension des principes mathématiques et est très motivé d'apprendre dans cette matière*. » Nous sommes ressortis heureux et fiers de la rencontre avec le professeur. Cette simple note a contribué à calmer les doutes qui m'ont habitée suite à son retard des premières années.

Maintenant que mon aîné est plus autonome, je me concentre davantage sur mon cadet qui a encore

---

* Traduction de l'auteure.

besoin d'encouragement pour terminer ses travaux scolaires. Malgré mon expérience, il arrive à me faire douter de mes capacités à l'aider dans ses études. Sa troisième année scolaire a été particulièrement décourageante pour moi. À la fin de l'année, il devait préparer un examen de fin de session et éprouvait des difficultés à se concentrer lors d'un exercice de calcul chronométré. Ce petit garçon ressemble beaucoup à sa maman : il est de nature rêveuse. Après quelques efforts pour solutionner les premiers problèmes, il décroche et s'évade dans ses pensées apaisantes en oubliant que le temps s'écoule et qu'il reste les trois quarts des problèmes à résoudre. J'entrevoyais peu d'espoir de trouver le moyen de l'empêcher de s'évader si souvent durant ses exercices de mathématiques. À mon grand soulagement, j'ai réalisé que son professeur doutait aussi. Je ne suis pas une si mauvaise mère après tout.

Mon fils a donc travaillé, ou plutôt *nous* avons travaillé intensément avec l'aide de son professeur pendant près de deux semaines pour tenter de le préparer le mieux possible à son examen. Son professeur, un homme très attentif aux besoins des enfants, savait que je m'impliquais beaucoup dans les études de mon petit garçon. Le lendemain du jour de l'examen, alors que je le déposais à l'école, il était de garde près de l'entrée. Il est venu à ma rencontre et m'a dit : « Vous avez eu soixante-quatre pour cent dans votre examen ! » J'ai été touchée de voir qu'il reconnaissait mon dévouement dans les études de mon fils et qu'il comprenait que le résultat était bien plus important pour moi que pour lui. Malgré ses qualités d'enseignant et ses années d'expérience, il est aussi parfois habité par le doute et m'a confié qu'il n'était pas très fier de n'avoir pu l'aider davantage. Hé bien, nous voilà deux à douter!

Nos enfants disposent encore de plusieurs années avant de faire leur choix de carrière. Ce que je retiens pour l'instant, c'est l'ouverture d'esprit que nous avons créée et le goût de l'aventure. Ils réalisent un peu plus chaque année que l'éducation peut leur ouvrir les portes du monde et les mener dans d'innombrables aventures.

## La transmission des valeurs

La route que doit suivre un parent exige un lot de travail et d'efforts infinis. J'ai souvent l'impression de répéter inlassablement les mêmes demandes auprès de mes enfants. Je sais bien qu'il ne faut jamais baisser les bras mais plutôt continuer d'espérer obtenir de l'amélioration. Il y a toujours un jour de paie pour le travailleur qui, chaque matin, reprend son ouvrage là où il l'avait laissé et qui exécute les mêmes tâches routinières. Pour le parent, ce jour de paie vient aussi de temps en temps quand il réalise que ses efforts ont porté fruit.

Lorsque les enfants étaient plus jeunes et que le moindre caprice était un prétexte pour déclencher les hostilités, je ne pouvais pas envisager de récolter un jour le fruit des efforts incalculables que ces situations requéraient. Je me rappelle bien des chicanes avec mon frère et ma sœur et, malgré tout, nous sommes maintenant très proches et il nous tient à cœur de nous entraider et de nous soutenir à travers nos épreuves. Je sais que l'époque des querelles se termine généralement lorsque les enfants quittent la maison et que la rivalité qui les habitait alors n'a plus sa raison d'être. Mon mari a adopté une position très ferme sur cette situation et n'a jamais accepté que les enfants se manquent de respect, en particulier que le plus âgé profite de sa supériorité physique et intellectuelle pour brimer le plus jeune. Nous avons encouragé des attitudes amicales et interdit des comportements qui n'ont pas été faciles à contrer. Nous avons persévéré dans cette démarche et nous avons été solidaires. Certains jours, j'étais rongée par le doute et j'ai souvent eu l'impression de parler dans le vide. Je n'étais pas convaincue que mes enfants adopteraient un jour de meilleurs comportements entre eux pour permettre des rapports plus amicaux.

Ce n'est qu'une bataille menée parmi tant d'autres, et je dois dire qu'après des années de constance dans nos positions, nos efforts ont valu la peine. Ils ne se promènent peut-être pas main dans la main dans la cour d'école, mais ils ont appris à se respecter et ont découvert tous les avantages d'avoir un ami dans la famille plutôt qu'un rival. Il n'est pas rare de les entendre rire aux éclats et, quand ils découvrent quelque chose de nouveau, c'est avec leur frère qu'ils ont envie de partager ce moment.

Je profite de chaque occasion qui se présente pour leur inculquer les valeurs auxquelles nous croyons. La notion d'honnêteté est parmi les plus difficiles à enseigner, car elle semble s'être perdue à travers les générations.

À leur âge, mes garçons sont foncièrement honnêtes et ont bien l'intention de le demeurer toute leur vie. Je les mets en garde cependant contre la plus grande difficulté qu'ils rencontreront sur leur route : l'influence de leurs amis et de gens qu'ils estiment. Je pense entre autres à une situation à laquelle ils ont déjà été confrontés et qui soulève la question de l'honnêteté. Ils font face au phénomène du copiage illégal de jeux vidéo, de films et de musique. Plusieurs personnes honnêtes au sens populaire du terme copient sans autorisation du matériel audio et vidéo comme si c'était permis de le faire. Je garde toujours en tête que ce simple geste devenu monnaie courante est encore illégal aujourd'hui. Les médias ont fait grand état de jeunes adolescents arrêtés il y a quelques années pour avoir téléchargé de la musique à partir d'un site Internet non autorisé à fournir les pièces musicales. « Tout le monde le fait, pourquoi pas nous ? » Parce que dans cette famille nous sommes foncièrement honnêtes, pas seulement quand ça nous convient. Comment espérer transmettre cette notion si elle est interprétée différemment selon les situations ?

On prêche par l'exemple. Mes conseils ont plus d'impact avec des situations qui les touchent personnellement. Mon aîné avait entrepris la rédaction d'une bande dessinée. Il prenait plaisir à faire ce travail et y investissait du temps et des efforts. Son enthousiasme le portait à croire qu'il pourrait la présenter à un éditeur pour la faire publier (notons ici une légère influence maternelle). Je le sensibilise à la peine qu'il éprouverait si quelqu'un venait à copier son travail et à le diffuser sur Internet sans sa permission. Plusieurs personnes pourraient alors se le procurer sans qu'il n'en touche de bénéfice. Pour chaque geste malhonnête, quelqu'un d'autre paie la note.

Servir d'exemple commande de mettre en pratique les principes que je leur enseigne. Je ne verse pas dans la facilité en leur recommandant de dire un mensonge pour se sortir du pétrin ni de compromettre leur intégrité pour une copie non autorisée. C'est aussi une bonne idée de leur donner les moyens d'obtenir ce qu'ils veulent sans devoir recourir à des tactiques illégales. Ils peuvent toujours utiliser leur argent de poche pour acheter quelque chose et peuvent aussi me demander de l'inscrire sur leur « liste perpétuelle ». J'ai désigné une page dans mon agenda sur laquelle j'inscris tout ce que mes enfants me demandent de leur acheter, peu importe l'époque de l'année. Cette dernière s'avère un outil pédagogique d'une grande utilité à laquelle je me réfère régulièrement pour les anniversaires et la période des Fêtes. Cette stratégie me permet d'éviter de refuser leurs demandes continuelles et de dire plutôt : « Bien sûr que tu peux l'avoir, je le mets tout de suite sur ta liste. » Sans oublier qu'elle leur enseigne aussi bien l'honnêteté que la patience, une qualité qui me fait défaut. On apprécie davantage ce qu'on a l'occasion de convoiter.

En étant conscients qu'ils ont une chance d'obtenir un jour ce qui se trouve sur cette liste, avec un peu de patience, ils n'ont pas l'idée d'imaginer des tactiques malhonnêtes pour se les procurer. Mon aîné a eu droit à un conseil de son papa qui venait du cœur : « Par tes actions ne vise pas la richesse ou la gloire. Vise plutôt l'apprentissage, l'honneur et la satisfaction de la tâche accomplie. Un jour, un huissier peut se présenter chez toi et venir chercher tout ce que tu as accumulé au fil des ans. Mais personne ne pourra jamais t'enlever ton honnêteté, tes connaissances ou ton cœur. » Notre réputation, notre estime de soi et notre paix d'esprit sont inestimables. Il est préférable d'être honnête que d'avoir à prouver qu'on n'est pas malhonnête.

Récemment, les efforts déployés pour les sensibiliser à l'honnêteté ont été récompensés d'une manière bien inattendue. Nous fréquentons régulièrement un club vidéo où ils louent des films et des jeux. Ils sont maintenant capables d'y aller seuls pendant que je les attends dans la voiture. Un jour que je les accompagnais, le gérant de l'établissement qui nous connaît bien m'a regardée attentivement et m'a dit qu'il offrait un jeu gratuitement à mes enfants pour une semaine. Il m'a alors raconté que lors de leur dernière visite, mon aîné lui a rendu un billet de dix dollars qu'il venait de lui remettre en trop avec sa monnaie. Le gérant a avoué être rarement témoin de tels gestes d'honnêteté même chez des adultes et il leur en était reconnaissant. Mon fils avait un sourire rayonnant et sa mère était émue et fière. Mes efforts avaient drôlement porté leurs fruits ce jour-là.

Servir d'exemple pour mes enfants n'est pas chose facile. Quand je leur demande d'être prêts à partir pour l'école à huit heures et que je tarde à les rejoindre dans la voiture, la leçon porte moins. Si j'attends d'eux qu'ils s'expriment avec un langage correct et que je me permets d'utiliser le jargon qu'ils ramènent de l'école pour être *cool*, ce n'est pas non plus un exemple à suivre. J'ai cessé depuis un moment déjà de croire que je pouvais être la mère parfaite et je pense que c'est rassurant pour eux de constater que même leurs parents ont des points faibles. Malgré quelques défauts incorrigibles comme l'impatience ou une tendance à l'atermoiement à l'égard des tâches ménagères, je m'efforce de me comporter comme j'aimerais qu'ils se comportent. Comme le disait si bien une bonne amie à moi, autrefois ma patronne : « Ce n'est pas mal de faire des erreurs, c'est mal de persévérer dans l'erreur. » Quand je fais une erreur, je n'hésite pas à la reconnaître et à avouer que j'aurais pu faire mieux. L'erreur fait partie de l'apprentissage. Nos enfants nous apprennent beaucoup sur nous-mêmes et nous incitent continuellement à nous dépasser.

Il me semble que les enfants sortent de l'enfance et sont conscientisés prématurément à notre époque. Ils font face au stress du rythme anormal de la vie d'aujourd'hui qui pousse tant d'adultes vers l'épuisement. Ils doivent gérer leurs émotions comme des adultes en cas d'éclatement de leur cellule familiale sans en avoir la capacité émotive. Ils sont la cible de la surinformation et de la publicité dans beaucoup d'aspects de leurs activités. Même adulte, j'ai parfois de la difficulté à faire la différence entre mes besoins et les envies créées par la publicité et il m'arrive de tomber dans le panneau. Comment peuvent-ils s'y retrouver? Ils ont de moins en moins de figures morales pour les guider, particulièrement à l'école où ils passent une grande partie de leur enfance. Les commissions scolaires ont abandonné leur appartenance religieuse et n'ont plus les ressources ni l'intérêt pour l'enseignement des valeurs morales. Ce qui était inadmissible il y a trente ans — les écarts de langage et le manque de respect — fait maintenant partie intégrante de la vie étudiante. Pourquoi un jeune devrait-il observer un code de conduite différent et risquer de se faire rejeter du groupe?

J'ai été élevée dans la religion catholique et j'ai reçu tous les sacrements prévus dans ses enseignements. Mon mari et moi sommes croyants mais ne pratiquons plus depuis le début de l'âge adulte. J'ai personnellement cessé d'aller à la messe dominicale lorsque mes parents ont abandonné le combat et réalisé qu'il était désormais inutile d'insister. Je suis toujours croyante qu'il existe un Être supérieur qui a créé notre race et qui gouverne notre existence à travers nos actions et nos choix. Malheureusement, les messages véhiculés par les représentants de la religion catholique ne me rejoignent plus et sont déconnectés des besoins des jeunes de notre époque.

Un jour, mon fils m'a demandé pourquoi nous devions aller à l'église ce dimanche-là. Nous étions accompagnés de ses grands-parents et la messe était célébrée à la mémoire de son oncle décédé huit ans auparavant. Ma vision de cette coutume a eu le temps d'évoluer depuis que je suis responsable de l'éducation de deux enfants. J'aurais pu me contenter de lui dire que c'était une vieille coutume que nos aînés pratiquent encore bien qu'elle ait moins de signification pour les jeunes d'aujourd'hui. J'ai préféré faire ressortir l'occasion de réconfort que peut encore apporter ce rituel pour ceux qui y participent. Par exemple, le décès d'un enfant crée une douleur et une absence intolérable pour les parents. Ils sont incapables de faire comme s'il n'avait jamais existé ni de continuer leur vie sans lui. Ils observent alors différents rituels pour se rappeler la présence bienfaisante de leur enfant. Un service anniversaire donne l'occasion à la famille de se retrouver pour se rappeler un être cher qui est toujours présent dans leur mémoire.

Mon fils a très peu connu son oncle et nous entretenons son souvenir par des récits et des photographies pour qu'il continue à faire partie de la famille. Sa «présence» apporte un certain réconfort dans les occasions spéciales. Nous n'assistons plus à la messe dominicale et nous n'avons que quelques occasions d'emmener nos enfants à l'église. Je tenais à ce qu'il réalise l'importance des liens familiaux pour traverser les épreuves de la vie, car la religion a peu de chance de le réconforter lorsqu'il sera adulte.

La génération des baby-boomers transmet de moins en moins de valeurs religieuses à ses enfants. Certes, ces derniers connaissent Dieu et l'histoire de Jésus à travers le peu d'instruction dispensé par l'école et nous tentons de renforcer ces notions par des discussions à la maison. Mais je doute que ces maigres efforts soient d'un quelconque secours pour eux dans leurs épreuves à venir. À quoi s'accrocheront-ils lorsqu'ils douteront de leur capacité à surmonter les épreuves? Ils doivent d'ores et déjà compter sur leurs parents pour tracer leur code de conduite, puisque la religion ne fait pas partie de leur vie. Elle a disparue au cours de notre génération qui se tourne maintenant vers le tout-puissant antidépresseur pour retrouver la foi en ses capacités.

Pour mes enfants, je souhaite que la famille soit un élément de ressourcement et de réconfort aussi important que l'était la religion pour nos parents et c'est dans ce but que nous tentons de créer des liens solides avec eux et entre eux.

Mon aîné a débuté le secondaire et sera confronté à la réalité de la cigarette, de l'alcool et de la drogue, que nous le voulions ou non. Sa capacité à évaluer l'impact des influences extérieures sur ses choix sera déterminante. J'ai décidé d'engager la discussion chaque fois qu'il en manifeste l'intérêt. J'insiste sur le fait que les influences les plus fortes viendront de ceux qu'il aime, de ses amis qui l'inciteront à tenter des expériences. C'est bien plus difficile de dire non à un ami intime qu'à un parfait inconnu.

Un bien triste événement s'est présenté pour me donner l'occasion de faire réaliser à mes fils l'étendue d'une mauvaise décision découlant de l'influence d'un ami. Ils nous ont accompagnés lors des funérailles d'un jeune homme de vingt-trois ans. Une soirée entre bons copains, un peu trop d'alcool et l'erreur fatale du chauffeur de prendre le volant avec les facultés affaiblies ont enlevé la vie à ce jeune artiste plein de projets, entouré de gens qui l'aimaient. Ils ont vu plusieurs membres de sa famille – notre famille – faire face à cette tristesse : leurs grands-parents, leurs oncles et tantes, leurs cousins et cousines. Les parents de ce jeune homme ainsi que son frère et sa sœur devront continuer leur route sans lui désormais. C'était bien plus facile de monter dans l'automobile qui était garée à la porte plutôt que d'appeler un taxi ou une autre personne en état de conduire. C'est moins facile pour le jeune chauffeur de vivre maintenant avec la réalité qu'il est responsable de la mort de son ami et de la peine de tant de gens autour de lui.

J'espère que notre relation étroite et notre exemple influenceront leurs décisions dans leurs remises en question. Ils ne se rendront pas à maturité sans jamais avoir fait un petit pas de côté. J'essaie de leur donner les outils pour résister aux pressions de leur entourage. L'expérimentation est un facteur important du développement, mais si mes efforts leur évitent de tomber dans les excès et de perdre des années importantes de leur vie, ils n'auront pas été vains.

Dans la même foulée, je leur enseigne à assumer leurs choix. Déjà, dans l'enfance, ils ont parfois fait des choses malgré eux (en plus des corvées ménagères et scolaires). Mon fils aîné a plusieurs amis issus de milieux différents. Durant les fins de semaine, il aura bientôt besoin d'un agent de relations publiques pour l'aider à coordonner ses appels téléphoniques et les attentes de ses copains. Un jour, un ami lui a téléphoné pour l'inviter à aller jouer chez lui. Bien qu'il ait préféré rester à la maison pour se reposer, il a accepté pour ne pas le décevoir. L'occasion m'a semblé bonne de lui enseigner que c'était à lui de décider de son emploi du temps, à part ses parents, bien sûr. Il a le droit de ne pas accepter une invitation, peu importe les raisons qui motivent son choix. Après notre discussion, il avait d'abord décidé d'y aller malgré tout. Il a ensuite songé à se décommander en racontant à son ami un petit mensonge du genre : « Mes parents ont prévu autre chose. » Mais il a finalement dit la vérité en faisant preuve de gentillesse et lui a proposé de le voir un autre jour. Son ami était déçu sur le moment, mais il a sans doute réalisé que lui aussi avait parfois envie de rester à la maison. Mon fils a trouvé l'expérience difficile, mais il a retenu la leçon. C'est à lui de décider de ses activités. Et ils sont toujours aussi bons copains.

À une autre occasion, il a dû décider du rôle qu'il voulait jouer plutôt que de se laisser dicter sa conduite lorsqu'il s'amusait avec les enfants du quartier. Ils se rencontrent spontanément dans la rue, parfois quelques-uns, parfois tout un groupe. Certains entretiennent de l'animosité les uns envers les autres, et il arrivait que les miens se retrouvent au milieu de querelles de ruelle. Auparavant, mon fils prenait parti pour l'un d'eux et se retrouvait impliqué dans une dispute qui ne lui apportait qu'inconvénients et frustration. Les mêmes animosités existent toujours entre les deux clans et mon fils a usé de l'expérience acquise au fil du temps pour se positionner dans ce conflit. Cette fois, il ne s'est pas rallié à son ami pour entretenir la querelle. Il est resté neutre tout en incitant les autres enfants à cesser les hostilités. Tant et si bien que lorsque son ami n'était pas disponible pour jouer, l'ancien rival est venu le rejoindre et ils ont passé un bon moment ensemble. Il a réalisé le pouvoir qu'il détenait en se respectant lui-même et il était fier de sa réussite.

Ces situations simples permettent la prise de conscience du respect de soi et de la capacité d'exprimer ses volontés et ses opinions. Il faut parfois beaucoup de courage pour se tenir debout et s'imposer à ses amis qu'on ne veut pas décevoir. Plus les situations deviendront sérieuses, plus mes enfants prendront confiance dans leur capacité d'y faire face et espérons que lorsque la tentation de la cigarette ou de la drogue se présentera, ils sauront prendre les bonnes décisions.

## La relation avec l'argent

Lorsque j'ai rencontré mon mari il y a plus de vingt ans, il était déjà un jeune homme ambitieux et instruit doté de capacités intellectuelles remarquables. Il a connu le succès, car il trouvait sa motivation dans le travail bien fait et la satisfaction de la clientèle. Hé oui! J'avais flairé la bonne affaire. Pour ma défense, j'ajouterai que ce jeune loup était aussi fort séduisant et beau parleur. Mais son affection pour moi lui ferait sans doute dire aujourd'hui que, de nous deux, c'est lui qui a fait la meilleure affaire.

Son désir de réussite a guidé sa route et ses décisions professionnelles pendant les vingt-cinq dernières années et il n'a jamais considéré que l'argent était un but en soi. Pour lui, et pour moi aussi, l'argent est une conséquence qui vient naturellement récompenser les efforts au travail. Cette relation avec l'argent fait partie des nombreuses notions que nous tentons d'inculquer à nos enfants pendant qu'ils sont jeunes.

Ils ont la chance d'évoluer dans un milieu stimulant, et nous sommes en mesure de leur offrir différentes possibilités. Il me semble important qu'ils établissent dès maintenant une relation saine avec l'argent. Comme première mesure, je m'assure de ne pas devancer leurs désirs. Je voudrais éviter qu'ils deviennent des adultes sans but ni ambitions, leurs moindres désirs ayant toujours été exaucés. Je m'efforce de ne pas tomber dans ce piège et je pense leur rendre un bon service par cette démarche.

Les situations de la vie quotidienne offrent bien des occasions de leur enseigner la valeur de l'argent. À l'hiver de ses huit ans, mon aîné portait des mitaines qui dataient de la saison précédente et qui, ma foi, avaient été passablement utilisées. Il espérait alors avoir des gants de planche à neige «comme les grands» au lieu de mitaines de bébés. Comme cet achat ne représentait pas une dépense inutile, j'ai accepté de lui acheter une nouvelle paire qui lui servirait pour toutes ses activités de plein air. Il va sans dire que j'ai payé le prix fort, car les soldes de fin de saison n'étaient pas encore en cours. Malheureusement pour lui, après quelque temps, il les a égarés à l'école. Il comptait bien sur le fait que je lui en achèterais une nouvelle paire, mais il a plutôt dû se contenter de ses vieilles mitaines pour le reste de la saison. Je savais que ce serait pour lui une bonne leçon sur la valeur de l'argent et sur les efforts qui y sont rattachés. Il a essayé à quelques reprises de me faire changer d'idée en me montrant à quel point ses vieilles étaient usées, avec raison d'ailleurs. Il a dû réaliser que même si j'avais les moyens d'en acheter des neuves, je considérais qu'il aurait dû y faire davantage attention.

Je dois dire que la leçon a porté fruit, car j'ai vu une nette amélioration dans son attitude envers ses effets personnels. Il a compris aussi que, pour chaque somme d'argent dépensée pour acquérir un bien plus ou moins essentiel, il y a à l'autre bout un papa qui a travaillé très fort et qui a passé de longues journées hors de la maison pour la gagner. Non seulement il fait plus attention à ses affaires, mais il apprécie davantage le temps qu'il passe avec son papa.

Il n'a jamais rouspété non plus lorsque j'ai proposé de nous diriger vers les magasins d'articles usagés pour son équipement de gardien de but. Chaque pièce coûte déjà très cher sans compter que sa croissance rapide nous force à les remplacer presque chaque année. À mon avis, nous avons avantage à favoriser l'accès aux activités plutôt que l'achat d'équipement de pointe impliquant des dépenses importantes pour tenter de suivre les tendances. Je préfère d'ailleurs que mes enfants découvrent beaucoup d'activités pendant qu'ils sont jeunes. S'ils désirent se spécialiser dans une discipline après un certain temps, ce sera alors le moment d'investir dans un équipement plus sophistiqué.

Ce concept de l'usagé ne s'applique cependant pas à toutes les situations, et nous y allons avec discernement lorsqu'il est question de l'individualité de notre cadet. Étant le premier à franchir les étapes de la vie, l'aîné de toute famille a généralement des vêtements et des jouets neufs. Il est aussi le premier à posséder un vélo neuf, il va sans dire. Nous tentons de valoriser notre plus jeune autant que notre aîné en ne lui refilant pas le vélo usé de son frère. Il sent qu'il compte autant que son grand frère parce qu'il a aussi le droit de venir choisir le sien. Puisque nous avons la possibilité de le faire, ce serait de l'exagération d'aller aussi loin dans notre souci du rapport avec l'argent. Pour mes garçons, c'est aussi un plaisir d'aller magasiner quelques fois par année avec maman pour leurs vêtements et je trouverais injuste de refuser au plus jeune ce moyen d'exprimer sa personnalité en indiquant ses préférences vestimentaires.

Il y a quelques années, je les ai emmenés à la banque pour la première fois pour ouvrir leur compte personnel. Ils ont apporté leurs économies et ont effectué leur premier dépôt bancaire. Lorsque la préposée leur a remis leur livret personnalisé, ils ont pu y voir un cadeau de cinq dollars offert par la banque. La

leçon à retenir : l'argent placé à la banque rapporte
des intérêts, si minimes soient-ils, et risque moins
d'être dépensé au dépanneur du coin. Plus les mois
passent et plus le solde s'élève. Ils ont ensuite appris
à faire des projets. L'un d'eux planifie maintenant
l'achat de son premier ordinateur. Ils ont aussi compris un principe merveilleux : le partage. Il leur arrive
souvent maintenant de mettre leur argent en commun pour s'acheter des jeux qu'ils désirent tous les
deux. Ils ont également appris qu'il arrive de regretter
un achat fait sous le coup de l'impulsion. Mon aîné
voulait à tout prix un jeu de construction et a retiré
l'argent de son compte pour se le procurer. La somme
me paraissait exorbitante et j'ai essayé de l'en dissuader. Je devais cependant respecter sa décision, car il
s'agissait de son argent et je voulais qu'il en prenne la
responsabilité et qu'il assume les conséquences de son
geste. Dès le lendemain, une fois terminée la construction de son jouet, il a regretté d'avoir investi
autant pour seulement une journée de plaisir. Maintenant, il réfléchit davantage avant de dépenser son argent et il est plus sensible aux efforts que font ses
parents pour le gagner.

Une occasion intéressante de discuter de la question
de l'argent de poche s'est présentée un jour. Un ami
de notre fils distribue le journal dans le quartier. Sauf
erreur, je crois qu'il a débuté lorsqu'il avait onze ans.
Au début, notre fils était attiré par le côté lucratif de
l'affaire et a aussitôt manifesté le désir de faire de
même. Il est vrai que, pour un enfant de cet âge, il
s'agit d'un revenu très important. Nous étions oppo-
sés à cette idée et nous lui avons fait part de notre réflexion en insistant sur le lourd fardeau que représente

ce travail. Il a l'obligation de le livrer tous les matins, du lundi au dimanche, avant sept heures, beau temps, mauvais temps.

Ce n'est pas la responsabilité d'un travail qui me semble néfaste, bien au contraire. C'est le poids de la responsabilité qui m'inquiète. Ce travail inapproprié pour son âge engendrerait une pression démesurée et risquerait de fausser sa vision de la vie. L'école lui demande déjà beaucoup d'efforts et je préfère qu'il concentre ses énergies à ses études et à ses activités sportives. Je crois qu'il est à l'âge où nous avons avantage à le récompenser pour l'exécution de tâches appropriées à son stade de développement : atteindre des objectifs scolaires, déneiger l'entrée, ramasser les feuilles ou faire certaines tâches ménagères.

Soumettre un enfant à un trop lourd fardeau m'apparaît comme un facteur de décrochage. Subir trop de pression alors qu'il n'y est pas préparé contribue au sentiment d'incompétence et à l'abandon. Une de mes amies m'a confié un jour qu'elle croyait faire partie des gens qui ont une «incompatibilité au bonheur», que son enfance difficile avait aliéné sa vision de la vie en général et sa capacité à apprécier le beau côté des choses, si simples soient-elles. Être heureux, c'est se sentir bien en général et cette attitude est liée à l'image de soi qui se construit quand on est jeune.

## Être parent : une mission

Le rôle de mère de famille est en réalité une mission qui requiert des interventions soutenues. Il en va de même pour la supervision de la qualité du langage.

Mes enfants ont le privilège d'avoir accès à l'enseignement en langue anglaise à l'école publique. Je parle ici de privilège car, dans notre province francophone, seuls les enfants issus de familles dont un des parents a obligatoirement fréquenté l'école anglaise y ont accès. Certes, ils sont privilégiés d'être déjà bilingues, mais ils sont par le fait même exposés à un grand piège linguistique : la médiocrité dans les deux langues. Cette école est fréquentée par quatre-vingt pour cent d'enfants francophones. Ses règlements exigent cependant que partout à l'intérieur de l'école ainsi que dans la cour de récréation les enfants parlent uniquement en anglais, exception faite des cours de français. J'appuie tout à fait cette démarche et je m'efforce de parler uniquement en anglais lorsque je rejoins mes enfants pour donner le bon exemple. Dans les faits cependant, lorsque la surveillance se relâche, c'est une troisième langue qui se parle couramment : le franglais. Comme dit mon mari : « Ils sont parfaitement bilingues dans la même phrase. » La majorité des enfants de cette école, y compris les miens, se laissent entraîner par cet automatisme et s'expriment dans leur langue maternelle en y incorporant des mots de l'autre langue pour se faire comprendre par leurs interlocuteurs. Je refuse de permettre à mes enfants de tomber dans cette médiocrité. Sans verser dans l'excès, je leur demande de reformuler leurs phrases dans la langue du moment. Ils se rendent compte qu'ils connaissent presque toujours le mot approprié. Ils ne font qu'imiter les autres élèves qui s'adonnent à la facilité de dire le premier mot qui leur vient à l'esprit. Si je m'assure qu'ils possèdent un vocabulaire adéquat, ils finiront par développer de bons réflexes linguistiques et seront capables de s'exprimer correctement à l'âge adulte.

Il y a tellement d'aspects à surveiller dans l'éducation des enfants que je me contente de cibler ceux qui semblent prioritaires. J'essaie de les appliquer avec discernement pour éviter de rater mon coup. Je ne peux pas par exemple demander à mon fils d'améliorer en même temps l'orthographe, la syntaxe, la disposition et la propreté de ses textes. Il serait dépassé par l'ampleur de la tâche et le découragement le pousserait à l'abandon et à se croire nul en écriture. Je peux par contre insister pour qu'il surveille l'orthographe dans sa rédaction et qu'en même temps il entretienne des rapports respectueux avec son frère et retourne ses vêtements avant de les jeter dans le panier à linge sale. J'essaie de choisir mes batailles et de ne pas les mener toutes de front. Je veux qu'ils gardent une bonne estime d'eux-mêmes tout en étant conscients qu'il y a beaucoup de place pour l'amélioration.

Mon mari et moi avons mis beaucoup d'accent sur les relations harmonieuses entre mes garçons, sur l'importance des études et sur une foule de valeurs et de comportements. Par ailleurs, les manières à table posent toujours problème, en particulier chez mon aîné. À quoi bon lui donner une serviette de table, puisqu'il a les manches de son chandail et les jambes de son pantalon pour s'essuyer! Sincèrement, à douze ans, c'est le temps de s'y mettre et, cette fois, je ne lâcherai pas prise. Or, deux adultes contre un petit garçon ne gagnent pas forcément la partie. Nous prêchons pourtant par l'exemple et nous encourageons nos enfants à adopter des manières qui leur permettent d'aller dans les restaurants sans trop nous embarrasser ou incommoder les autres convives. Mon fils semble tout simplement résistant à l'apprentissage des bonnes manières. Il mange avec tant d'appétit que la terre s'arrête de tourner lorsqu'il est devant son assiette et il n'a plus conscience de quoi que ce soit d'autre. C'est un exercice exténuant que de lui rappeler constamment qu'il y a d'autres personnes autour de lui qui peuvent ne pas apprécier le spectacle de la sauce qui dégouline sur son menton, de ses doigts collés qu'il essuie sur ses vêtements ou de le voir lécher son couteau, son assiette et même la table. Pourtant, chaque fois qu'on l'arrête de manger pour lui faire remarquer son comportement, il réalise ce qu'il fait et accepte d'adopter des bonnes manières. Elles ne durent que le temps de quelques autres bouchées, puis elles tombent à nouveau dans l'oubli. Si j'avais laissé tomber la bataille de l'alimentation équilibrée et permis à mon fils de manger seulement de la pizza et de la crème glacée, peut-être saurait-il déguster son banana split sans risquer de se faire croquer par une caméra cachée de l'émission *Incroyable mais vrai!*

Au chapitre des batailles à mener, comme si la tâche parentale n'était pas déjà assez lourde, quelqu'un a eu la lucrative idée d'inventer les jeux vidéo. Comme la plupart des parents, nous avons subi l'invasion des consoles de jeux dans notre foyer et nos fils en sont mordus. Durant l'été, lorsque les journées sont très longues, ils sont plus portés à jouer dehors. Mais quand l'automne s'installe avec le temps froid, je les vois reprendre contact avec leurs jeux vidéo et leurs habitudes casanières.

Je sais que mes enfants ont besoin de faire de l'exercice physique. Je dois simplement ne pas abandonner le combat et continuer d'insister pour qu'ils troquent leurs manettes de jeu contre des amis et qu'ils aillent mettre le nez dehors. J'ai donc décrété que les jeux vidéo étaient réservés aux fins de semaine et aux journées de congé. Malgré de vives protestations, ils se sont faits à cette idée. Ils ont besoin de bouger, comme tous les enfants. En ces belles journées de fin mars, c'est toujours un plaisir pour eux de reprendre contact avec l'extérieur. Je suis tellement contente de les voir enfin sortir de leur hibernation que je ne me formalise pas s'ils négligent un peu leurs devoirs. Mon aîné a dû déneiger l'accès au cabanon pour sortir les vélos. Depuis, ils les enfourchent dès leur arrivée et ne rentrent à la maison que vers dix-neuf heures quand la nuit est tombée et qu'ils ont les mains gelées. Ces trois ou quatre heures d'activité physique leur sont vraiment bénéfiques. Moi aussi, j'ai la fièvre du printemps quand les journées allongent et que le mercure monte. Tant pis si leurs devoirs sont en retard et que les résultats de leurs tests hebdomadaires en souffrent un peu! C'est ça la vie. Un enfant, c'est fait pour s'amuser, pour jouer dehors et profiter des beaux moments qui passent. Sans mettre leur année scolaire en péril, bien au contraire, j'essaie d'évaluer l'importance des choses. Il m'est arrivé par le passé de leur faire manquer un après-midi d'école pour les emmener faire de la planche à neige. Je n'en fais pas une habitude, mais je peux vous dire que cet après-midi-là, mes enfants avaient l'impression que c'était Noël et ils étaient ravis d'avoir profité de cette petite escapade familiale. Ils n'étaient que mieux disposés à retourner à l'école le lendemain, sachant que leurs camarades de classe n'avaient pas bénéficié du même privilège.

Depuis quelques années, nous prolongeons la relâche scolaire du mois de mars. Nous pouvons ainsi nous retrouver en famille durant deux semaines remplies d'activités qui font du bien à tous. Aucun de leurs professeurs ne nous a fait de remarque sur leur absence et je crois qu'investir davantage dans nos liens familiaux leur sera bénéfique tout au long de leur vie.

Être parent signifie être constamment en apprentissage. Lorsque je commençais un nouvel emploi, je bénéficiais d'une période de formation auprès de personnes ressources qui me guidaient dans mon travail. Au fil du temps, je prenais de l'expérience et j'étais éventuellement en mesure d'effectuer mes tâches devenues routinières. J'utilisais des points de repère et je me référais aux travaux antérieurs pour déterminer la marche à suivre. Le travail du parent se renouvelle continuellement. J'ai beau maîtriser l'art de préparer les biberons en moins de soixante secondes et savoir changer les couches sans me faire surprendre par le jet spontané de fiston, l'étape suivante sera différente et je devrai retourner à la case départ. On a eu beau me prévenir de la crise du « deux ans », j'étais prise au dépourvu lorsque notre petit ange a décidé de piquer sa plus grosse colère au beau milieu d'un restaurant d'hôtel. Après avoir interrompu abruptement notre souper, mon mari a dû transporter le « petit diable » sous son bras en le maintenant de toutes ses forces pour l'empêcher de se jeter par terre. Sous le regard interdit des clients de l'hôtel, le trajet jusqu'à notre chambre parut interminable. Aucune des stratégies que nous connaissions n'est parvenue à le calmer. L'épuisement a eu raison de sa crise et de ses parents aussi.

Heureusement, certains parents ont eu la générosité de raconter leurs expériences. Peu importe l'auteur ou le type de lecture, je trouve beaucoup de réconfort en lisant ce que bien d'autres ont vécu dans de pareilles situations. C'est aussi très rassurant de réaliser que d'autres parents ont vécu les mêmes remises en question et ressentent les mêmes incertitudes vis-à-vis du développement de leurs enfants. J'essaie de prévenir un peu les coups en prenant les devants. J'ai déjà lu quelques livres traitant des moyens d'éviter le fossé qui se creuse naturellement à l'adolescence entre parents et enfants ainsi que sur l'intimidation en milieu scolaire. Bien des renseignements dans ces livres ne me serviront pas directement, mais ils contribuent à mieux comprendre les comportements de mes enfants et à guider mes réflexions.

Comme bien des parents, nous nous sommes donné comme mission entre autres de les éveiller à toutes les merveilles que le monde leur offre. Chaque aspect de la découverte est important et nous nous y attardons autant que possible. Plus ils sont petits, plus ils sont influençables. Même si la tâche semble parfois lourde et demande des efforts soutenus, elle en vaut le coup. Maintenant qu'ils grandissent, c'est à leur tour de nous émerveiller par leur finesse d'esprit, leur capacité de réflexion et par leur apport en connaissances acquises de diverses sources. Je sens qu'un peu de poids se retire de mes épaules chaque fois que je me rends compte que mes enfants ont maintenant la capacité d'apprendre à l'extérieur de la cellule familiale. La responsabilité d'être la seule source d'information pèse lourd sur les épaules des parents pendant les premières années de leurs enfants, mais ce fardeau s'allège agréablement quand des apports extérieurs positifs se font sentir.

## Philosophie 101 : le bonheur

J'aimerais maintenant coiffer un chapeau différent – celui de philosophe – pour dévoiler ma véritable quête : le bonheur.

Les bons parents ont généralement de bons enfants et même de bons petits-enfants. Ils peuvent alors être fiers d'avoir mené à bien leur tâche parentale. Mais sont-ils responsables du bonheur de leurs enfants? Je trouve rassurant de croire que si tant de poètes ont senti le besoin de s'exprimer sur les innombrables facettes du bonheur, c'est forcément parce qu'il y a autant de recettes pour atteindre cet état de grâce qu'il y a d'humains sur terre. Je considère donc que les parents ne sont pas entièrement responsables du bonheur de leurs enfants, mais qu'ils ont avantage à tout mettre en œuvre pour accomplir la part qui leur incombe.

Ma vision du bonheur est fort simple : il se vit quotidiennement et si possible plusieurs fois par jour! Ce n'est pas un accomplissement que j'essaie d'atteindre vers la fin de ma vie, après avoir travaillé sans relâche, sans jamais me détourner de ma route. Il faut sauter sur les occasions de se faire plaisir tous les jours. J'atteins mon but lorsque je fais une petite partie de cartes avec ma mère, quand je partage une bouteille de vin avec mon mari ou que je me prélasse dans ma balançoire en regardant mes enfants jouer dehors. Je m'efforce de leur transmettre cette vision chaque fois que j'en ai l'occasion.

Je trouve important de développer leur sens de l'émerveillement. C'est l'essence de l'enfance. C'est l'âge de la découverte continuelle et du plaisir des premières fois : manger de la crème glacée, caresser un chaton, voir son père rire de bon cœur d'une de ses blagues, saliver devant les barbes à papa multicolores du parc d'attractions et voir sa mère se retourner pour lui en offrir une avec un sourire. Je mets en évidence ces occasions quotidiennes pour que mes fils expérimentent le plaisir des choses simples. S'ils arrivent à le faire dans leur enfance, ils auront de bons repères pour surmonter les embûches et trouver quelque chose d'intéressant à faire même les jours de pluie.

Leurs anniversaires sont une occasion en or de les émerveiller. Mais quel casse-tête angoissant pour leur perfectionniste de mère! Étant donné qu'ils sont invités aux anniversaires de leurs amis, ils sont en mesure de faire des comparaisons et je ne veux surtout pas être en reste avec les autres mamans. Comme c'est dans ma nature d'être compétitive et de prouver que j'ai du talent – à défaut de changer, je m'assume –, je ne peux résister à la tentation.

Jusqu'à dernièrement, j'accordais tellement d'importance à leurs anniversaires que l'opération devenait stressante. Je passais des jours à concevoir un thème original et, lorsque le moment arrivait, je sentais la nervosité monter comme lorsque je rencontrais un client potentiel en vue de négocier un gros contrat. J'ai fini par me raisonner un peu en me disant qu'il s'agissait de jeunes enfants. Le principal, ce n'est pas d'impressionner cette meute d'enfants, mais d'essayer de plaire à mes fistons et de trouver quelques nouveautés pour que chaque anniversaire soit différent.

Si j'avais eu le choix de déterminer la saison où mes enfants sont nés, je n'aurais certainement pas choisi le temps des Fêtes, comme ce fut le cas pour mon plus jeune. Il est né un 5 janvier, ce qui ne nous donne même pas le temps de ranger le sapin pour créer une ambiance différente pour son anniversaire. Maintenant qu'il a vieilli un peu, il accepte de reporter sa fête de quelques jours pour permettre ce changement d'atmosphère et aussi pour donner le temps à ses copains d'être revenus de chez la parenté.

Puisque je suis une maman à la maison, il faut bien que j'en fasse un peu plus que les autres. Lorsque leur anniversaire approche, ma fébrilité est palpable. Quand la formule originale est trouvée et acceptée par le principal intéressé, le reste de l'organisation pose moins de problèmes. Je mets généralement beaucoup d'accent sur le gâteau d'anniversaire. Une ville détruite par Godzilla, une montagne d'insectes gluants, une console de jeux avec six manettes ou un ordinateur portable ne sont pas des suggestions cadeau, mais bien des gâteaux que j'ai réalisés pour tenter d'impressionner mon jeune public. Je sais, j'en fais trop. Ça aussi, c'est dans ma nature. Et ça crée des attentes d'année en année. Les enfants sont ravis de découvrir chaque fois un nouveau modèle préparé spécialement pour eux. Il ne me reste que cinq semaines pour élaborer celui du mois de juin. Ça y est, j'ai des papillons dans l'estomac...

Je profite davantage des journées de congé scolaire où il n'y a qu'un mot d'ordre : détente. Dans cette optique, il me semble que c'est un beau cadeau pour mes enfants de pouvoir vraiment profiter de leurs journées de congé. Le système scolaire actuel prévoit près de vingt journées fériées ou pédagogiques durant l'année et offre d'accommoder les parents avec un service de garde à l'école. Ces journées représentent un vrai casse-tête pour les parents qui travaillent, sans parler des vacances estivales. Un grand nombre d'élèves de la classe de mes enfants passent ces journées au service de garde de l'école puisque leurs parents doivent travailler. Tout un congé.

En ce qui nous concerne, le scénario est tout à fait différent. Par exemple, lors de leurs deux dernières journées pédagogiques, nous avons amorcé la journée par rien de moins que la grasse matinée jusqu'à huit heures et demie. Plus tard, ce fut la course… sur les pentes de ski à prendre l'air et à faire de l'exercice sans file d'attente aux remontées mécaniques, ni problème de stationnement. Au retour, nous nous sommes arrêtés dire bonjour à leurs grands-parents qui nous avaient préparé un bon repas et quelques surprises. Le lendemain, les garçons ont commencé la journée en faisant ce qu'ils préfèrent, c'est-à-dire rien de particulier. Ils ont paressé en pyjama jusqu'à l'heure du dîner et nous sommes allés au cinéma dans l'après-midi. Ai-je encore besoin de me demander si j'ai fait le bon choix en restant à la maison pour profiter de ces beaux moments, ou si j'ai perdu plusieurs années productives à m'adonner à la facilité et à la paresse ?

C'est ça une maman à la maison, ça n'arrête jamais et ça dépense autant d'énergie que sur le marché du travail. Mais toute cette énergie est investie dans sa famille plutôt que dans un boulot qui rapporte souvent plus de frustrations que de revenus.

Chaque fois que je le peux, je leur donne ce que j'appelle un petit morceau de bonheur. Comme mon concept du bonheur se vit au quotidien, je remplis leurs journées de petits plaisirs simples qui leur permettent de croire qu'il y aura toujours quelque chose de plaisant pour eux demain et après-demain encore. Bien sûr, j'y prends également beaucoup de plaisir. Par cette belle journée d'hiver, aurais-je préféré boucler mon budget trimestriel après avoir travaillé tard la veille, en ayant pressé les enfants de se lever à six heures du matin pour les déposer au service de garde et foncé au bureau pour mettre la dernière main à la présentation? Je ne porte pas de jugement sur les mères qui travaillent, que ce soit par choix ou par obligation. Je tente simplement de rationaliser ma décision et de me prouver que j'ai fait le bon choix.

## L'acquisition de l'autonomie

La vie d'une mère de famille est parsemée de décisions difficiles et d'hésitations. J'avance en essayant de ne jamais perdre de vue le but que je me suis fixé. Dire oui ou dire non, intervenir ou les laisser régler la situation? Difficile de tracer la ligne avec des enfants. Le doute et l'hésitation accompagnent bon nombre de mes décisions. Au fur et à mesure qu'ils grandissent, ils veulent naturellement franchir de nouvelles étapes. En tant que parent, je n'évolue pas toujours au même rythme et j'hésite entre maintenir le statu quo ou passer à l'étape suivante.

À quelques mois de ses onze ans, mon fils avait rejoint son ami au parc à un coin de rue de la maison. Celui-ci doit parcourir une distance de un kilomètre et demi à vélo pour venir jusque chez nous. Un peu plus tard, ils ont décidé d'aller jouer chez cet ami et mon fils m'a demandé s'il pouvait s'y rendre à vélo. Normalement, je le conduisais en automobile pour m'assurer qu'il arrive et qu'il revienne en sécurité. Ma première réaction fut de dire que c'était trop loin pour lui. Mais mon argument ne tenait guère, puisque son ami du même âge que lui faisait déjà ce trajet à vélo depuis le début du printemps. Alors, quelle décision devais-je prendre? Le plus inquiétant était qu'il avait l'habitude d'utiliser des raccourcis que j'ignorais. De plus, mon fils devait revenir seul et, s'il avait tardé à rentrer, je n'aurais même pas su par où passer pour le retrouver.

Son beau regard triste − mimique longuement exercée qu'il maîtrise de mieux en mieux − a eu raison de ma fermeté de mère poule et, après quelques instants de réflexion, il a lui-même trouvé une solution suffisamment rassurante pour me convaincre. Il a suggéré que j'aille tout de même le chercher à la fin de la soirée et que nous ramenions le vélo dans la voiture.

Malgré la simplicité de la solution, je n'étais pas préparée à lui laisser autant de liberté à ce moment-là. Le processus de l'acquisition de l'autonomie me surprend la plupart du temps. J'ai rarement le temps d'y réfléchir avant de prendre une décision. J'ai malgré moi éprouvé quelques remords et je me suis demandé si j'avais été bien prudente de le laisser partir. Il me tardait d'aller le chercher et de m'assurer qu'il était sain et sauf. J'espérais aussi ne pas avoir à regretter ce gain de liberté qu'il ne manquerait pas de revendiquer davantage dans l'avenir.

Je paie parfois très cher les nouvelles permissions que je leur accorde. J'ai eu la frousse lorsque j'ai autorisé mon fils à revenir de son école secondaire pour la première fois avec le transport en commun. Elle est située à l'autre bout de la ville et le trajet en autobus prend environ quarante-cinq minutes. Près de deux heures plus tard, il n'était toujours pas rentré. J'étais sur le point de m'affoler lorsqu'il est revenu, heureux d'avoir profité de sa liberté pour aller casser la croûte et fouiner aux Halles de la rue Cartier avant de rentrer! Je mourais d'envie de le gronder mais j'ai plutôt suivi les recommandations de mon mari qui le félicitait d'apprivoiser son autonomie. Tout de même, depuis ce temps, il ne part jamais sans sa carte d'appel.

Bien des hésitations surviennent également lorsqu'il est question de laisser un enfant seul à la maison. Lorsqu'ils étaient bébés, je laissais les enfants seuls strictement s'ils dormaient dans leurs lits et que j'avais avec moi un moniteur pour les surveiller à distance. Il va sans dire que je ne m'éloignais jamais du terrain, le signal du moniteur étant hors rayon. Même lorsqu'ils venaient de s'endormir et que je disposais d'au moins une heure ou deux de répit, je n'ai jamais osé aller ne serait-ce qu'au dépanneur du coin par crainte que quelque chose ne se produise pendant mon absence.

J'avoue que cette contrainte a pesé lourd pendant bien des années. Je me sentais parfois prisonnière de la maison et je trouvais difficile d'assumer cette responsabilité jour après jour. Je crois que je compensais ce manque de liberté en sortant souvent avec les enfants, malgré les heures de préparation nécessaires pour arriver à mettre le pied dehors. C'est bien connu, il faut consacrer davantage de temps aux préparatifs qu'à la promenade elle-même. Il n'est pas surprenant qu'une nouvelle mère ne soit pas portée à sortir très souvent avec son nouveau-né. J'avoue que j'ai mis un certain temps à développer une routine de sorties efficace et, malgré tout, j'ai bien souvent décidé de rester à la maison après avoir perdu le courage d'entreprendre ce travail éreintant.

Lorsque mes enfants avaient neuf ou dix ans, je me permettais un peu plus de liberté pour faire de courtes sorties au supermarché et à la pharmacie qui sont situés à quelques minutes de la maison. Il m'arrivait de laisser mon aîné seul à la maison si je m'absentais moins d'une heure. J'obligeais cependant mon cadet à m'accompagner et il commençait à manifester sa frustration, car il se considérait responsable et tout aussi capable de se garder seul. En fait, il y avait toujours un risque que la querelle éclate si je les laissais tous les deux à la maison. Évidemment, ils ont eu droit au même discours des dizaines de fois : « Ne répondez pas à la porte ; ne répondez pas au téléphone avant d'avoir écouté le répondeur et de savoir que c'est moi ou votre père qui appelle ; si vous répondez accidentellement, ne dites jamais que vous êtes seuls à la maison ; dites que je ne peux venir au téléphone, que je suis sous la douche et prenez le message en note ; rappelez-vous mon numéro de

téléphone portable ; faites le 911 en cas d'urgence ;
sortez de la maison en cas d'incendie... »

Mon fils aîné avait si bien assimilé les consignes
qu'un jour où j'étais dehors, il a répondu à ma mère
qui appelait pour prendre des nouvelles. Ne me
voyant nulle part, il a dit à sa grand-mère que j'étais
sous la douche. Lorsque j'ai rappelé ma mère un peu
plus tard, elle était offusquée de constater que mon
fils lui avait menti. Après avoir éclairci la situation,
j'ai réalisé qu'il avait suivi les directives à la lettre.
J'en ai profité pour le féliciter de sa conduite sécuritaire et je me suis empressée d'expliquer la situation
à ma mère.

Un autre cas s'est présenté lorsqu'il est tombé malade. Il devait avoir onze ans. Alors que nous nous
préparions à partir pour l'école, il présentait des
symptômes qui m'ont incitée à le garder à la maison.
Je devais tout de même aller reconduire son jeune
frère malgré son mécontentement de ne pas profiter
lui aussi d'une journée de congé. Devais-je faire habiller l'aîné pour ne pas le laisser seul durant près
d'une heure ou devais-je lui permettre de rester au
lit et de se reposer ? Il m'a assurée qu'il préférait
rester à la maison et je l'ai donc laissé seul le temps
de cet aller-retour. Il a dû s'inquiéter pendant mon
absence, car il m'a appelée sur mon téléphone portable pour me demander de rentrer vite à la maison.
Même à onze ans, il a trouvé mon absence pénible
ce matin-là et il était bien soulagé de me voir de
retour.

En discutant avec des parents d'enfants plus âgés
que les miens, il est presque inévitable, pour les
couples qui travaillent tous les deux à l'extérieur, de

laisser leurs adolescents seuls à la maison au retour de l'école. Une émission de télévision américaine diffusée à l'occasion de la sortie du film *Thirteen* (Treize ans) traitait de cette réalité de plus en plus répandue. Le scénario alarmiste de ce film – qui en interdit le visionnement aux moins de dix-huit ans – dresse un portait sombre des dangers qui guettent les jeunes en quête de liberté et de popularité. Cependant, il n'est pas nécessaire de dramatiser pour réaliser que certains comportements à risque peuvent résulter de cette trop grande liberté nouvellement acquise les fins d'après-midi. Certains parents ignorent que leur foyer sert alors de lieu de rassemblement propice aux expériences de toute nature. Comme bien des changements dans nos habitudes, cette nouvelle autonomie aurait avantage à être apprivoisée graduellement pour éviter que les jeunes l'interprètent comme une occasion en or de faire des bêtises. Il va sans dire que cette réalité joue également dans ma réflexion sur un éventuel retour sur le marché du travail.

Au chapitre de la supervision parentale, notre situation familiale estivale demande une très grande vigilance. Depuis près de quinze ans, nous possédons un chalet situé près d'un plan d'eau. Pour des raisons évidentes, nous avons exercé une vigilance extrême en ce qui concerne la baignade lorsque les enfants étaient petits. Maintenant qu'ils ont grandi et qu'ils savent nager, j'hésite encore à les laisser y aller sans la supervision d'un adulte. Ils ont pris l'habitude de m'avertir chaque fois de leur intention et, pour éviter qu'ils ne soient tentés d'y aller sans surveillance, j'accepte toujours d'interrompre ce que je fais pour les accompagner. Bien qu'ils soient de bons nageurs maintenant, je considère encore dangereux pour des enfants de se baigner sans surveillance et je préfère pécher par excès de prudence que d'avoir à regretter mon insouciance. J'ai la chance d'avoir des enfants dociles et je crois qu'ils ont compris qu'ils obtiendront bien plus facilement ma permission s'ils trouvent les moyens de me rassurer.

L'acquisition de l'autonomie représente une adaptation progressive et tant les enfants que les parents doivent s'habituer à ces situations qui seront de plus en plus fréquentes.

Je me rappelle les quelques fois où mes parents nous ont fait garder quand j'étais une petite fille. Comme il leur arrivait très rarement de sortir en laissant trois jeunes enfants à la maison, j'ai un souvenir assez précis de ces occasions où nous avions une gardienne pour la soirée. Parfois, elle devait s'occuper du souper et je trouvais assez plaisant de goûter à la « nouvelle cuisine ». Cependant, chaque enfant vit cette séparation différemment. Ainsi, alors que j'appréciais ce changement de routine, mon frère était en désarroi à devoir se séparer de notre mère et, chaque fois, elle avait droit à une séance de pleurs pénible qui devait probablement lui couper l'envie de recommencer.

Ils ont attendu que nous soyons adolescents et que nous n'ayons plus besoin de la supervision d'une gardienne avant de se permettre des séjours prolongés. Cependant, je me rappelle le voyage de quelques jours qu'ils ont fait avec des amis en 1965, à l'exposition mondiale de New York. Ils nous ont fait garder en compagnie des enfants de leurs amis et mes cinq ans me confinaient au rang de plus jeune membre de la bande. Nous avions passé un beau séjour à l'île d'Orléans dans une maison ancestrale dont je garde quelques bons souvenirs malgré mon jeune âge. Je me rappelle qu'il y avait un grand champ où nous allions cueillir des fraises. À mon avis, les meilleures au monde viennent, encore aujourd'hui, de cette région. Ce champ était situé de l'autre côté d'une vieille clôture de bois et il était aussi le domicile d'un troupeau de vaches qui me semblaient énormes vu mon jeune âge. Je me rappelle encore être revenue à la course au milieu de notre cueillette parce qu'un taureau s'approchait dangereusement tandis que ma sœur essayait de cacher notre récolte, croyant à cette époque que le rouge excitait ces grosses bêtes. Je pense que c'était également la première fois où j'ai dormi dans le même lit qu'un garçon! Il s'appelait Gérard et devait avoir à peu près le même âge que moi. Comme nous étions les deux plus jeunes, nous avions eu droit à une chambre au grenier meublée d'un grand lit pour deux.

Mon souvenir de ce séjour sans nos parents diffère probablement de celui de mon frère, alors âgé de six ans, car je me rappelle encore clairement sa légendaire détresse au moment du départ de mes parents. Ma mère avait eu la présence d'esprit d'apporter un sac de grosses guimauves et la dame qui nous gardait s'empressait d'en emplir la bouche de mon frère pour éviter que sa crise de larmes ne torture ma mère.

Mon mari et moi avons régulièrement eu recours à des gardiennes pour nous permettre de rester en contact l'un avec l'autre. Très tôt après la naissance des enfants, nous avons pris l'habitude de sortir les samedis soirs. Nous quittions la maison vers six heures une fois le souper des enfants terminé et qu'il ne leur restait que deux heures avant d'aller au lit. Ils ne souffraient pas longtemps de notre absence, probablement même pas du tout. Nous en profitions pour nous redonner chaque fois une impression de liberté en allant au cinéma ou au restaurant et bien souvent les deux. C'était une très sage décision qui, par contre, peut être difficile pour d'autres parents. Notre rôle est parfois pesant et ressemble davantage à une condamnation aux travaux forcés à perpétuité quand le déficit de sommeil ou les problèmes de discipline s'en mêlent. Ce petit moment d'évasion dans la semaine suffisait à nous redonner espoir que toute cette charge de travail s'allégerait avec le temps, et nous trouvions alors l'énergie de continuer.

Nous sommes privilégiés d'avoir pu bénéficier de la contribution des grands-parents, des tantes et des oncles auprès de nos enfants. C'est toujours avec plaisir et empressement qu'ils ont accepté de prendre le relais de temps en temps. Ces répits occasionnels ont été essentiels pour moi et je me suis sentie épaulée et soutenue chaque fois que j'en avais besoin. Aujourd'hui, les enfants en bénéficient également par les liens qui se sont ainsi créés au cours des séjours passés en leur compagnie.

Ce doit être une réalité douloureuse que de ne pas avoir de famille ou d'amis intimes sur qui se reposer un peu de temps en temps. J'ai éprouvé un tel soulagement lorsque je suis sortie dîner avec des copines quelques semaines après mes accouchements! Cette activité me permettait de reprendre contact avec ma vie d'avant, de réaliser que la terre continuait de tourner et que je faisais encore partie du monde adulte. Malgré l'ampleur de la tâche que représente la planification d'une sortie pour une mère laissant derrière elle un nouveau-né et une nouvelle gardienne, avec toute une liste de choses à faire ou à ne pas faire, le jeu en vaut la chandelle. Quand je réussis à m'éloigner de mon tout-petit, ne serait-ce que quelques heures, et que je prends un peu de plaisir à retrouver des amis, je réalise que mon ancienne vie est encore là et qu'il n'en tient qu'à moi d'entretenir mes relations selon mon nouvel horaire. De toute façon, il est bien connu que la mère souffre bien davantage que le nouveau-né lors de ces premières séparations. Aussi bien y prendre plaisir et en profiter pour faire le plein d'énergie.

Dernièrement, mon mari et moi devions sortir et j'étais à cours de gardienne. Aucune de celles que j'avais l'habitude d'appeler n'était disponible, ni les grands-parents. J'ai donc tenté ma chance auprès de la grande sœur d'un ami de mon fils. Malheureusement, elle n'était pas disponible non plus mais elle m'a signalé que son frère de quatorze ans se portait volontaire. Comme elle m'avait prise par surprise, j'ai d'abord refusé, étant habituée à compter sur la tendresse de gardiennes féminines. J'en ai cependant discuté avec mon mari qui était favorable à cette idée, car nous le connaissions ainsi que toute sa famille. Je l'ai donc rappelé pour accepter sa proposition. Quelle bonne idée! Les enfants ont adoré la compagnie du jeune homme. Non seulement il n'a pas cessé une minute de jouer avec eux à des jeux de « garçons », mais il a également veillé à ce qu'ils se couchent à l'heure prévue et a même nettoyé la cuisine en prime! Cela a été suffisant pour faire tomber mes préjugés envers les gardiens, d'autant plus que mes enfants ne sont plus des bébés et n'ont plus besoin d'être maternés.

## La patience

La patience est une qualité que je m'évertue à développer depuis que je suis mère de famille. Dans les différents emplois que j'ai occupés, je gérais mon impatience en adoptant des méthodes de travail autonomes pour éviter d'avoir à dépendre des autres. J'arrivais la plupart du temps à effectuer moi-même toutes les tâches relatives à mon travail parce que je ne supportais pas de devoir attendre après quelqu'un qui avait un agenda différent du mien. Lorsque j'étais représentante, il m'est arrivé souvent de dactylographier moi-même mes documents de présentation et mes propositions publicitaires afin de respecter les délais promis à mes clients qui ne concordaient pas avec l'horaire de la secrétaire du bureau. Je savais bien que ma patronne souhaitait que je rencontre davantage de clients plutôt que de me charger du travail qui était destiné à la secrétaire. Malgré tout, elle ne m'a jamais fait de remarque en ce sens, car elle était satisfaite de mes résultats de vente et de mon travail en général. Pour ma part, je respectais les délais de présentation promis à mes clients et j'évitais impatience et frustrations de devoir attendre après quelqu'un d'autre.

Une de mes plus importantes découvertes de mère de famille a été de réaliser que même tout petits, mes enfants avaient leur volonté propre et des limites dans leur capacité à faire ce que j'attendais d'eux.

Sans le savoir j'ai souvent tenté de brûler les étapes pour arriver à solutionner un problème qui requérait surtout du temps, des encouragements soutenus et beaucoup de patience.

Je pense entre autres au défaut de langage de mon cadet qui persistait. Plusieurs consonnes lui posaient problème. Le mot lait était prononcé «yait», il ne jouait pas, il «zouait» et les r étaient simplement escamotés. Ce qui pouvait donner «Ze veut ye camion ouze» (je veux le camion rouge). J'aurais donc voulu avoir simplement à claquer des doigts pour que cette situation se corrige mais elle requérait bien plus que de la volonté de ma part et de celle de mon garçon.

Lorsqu'il a eu quatre ou cinq ans, j'ai consulté une orthophoniste qui a proposé des séances de travail basées sur le zeu... pardon, sur le jeu. Mon fiston aimait beaucoup son approche et il prenait déjà confiance en lui en réussissant à prononcer son nom de la bonne manière: Marcelle Labonté (et non Marceye Yabonté). À chaque séance, elle travaillait avec lui sur un seul son à la fois. Elle me fournissait ensuite du matériel pour le faire travailler à la maison et l'encourager à faire les efforts nécessaires pour corriger chacun des sons problématiques. Elle m'a bien fait réaliser que la meilleure attitude à adopter lors des jeux à la maison était le renforcement positif et la patience. Ce processus, échelonné sur quelques années, a lentement permis à mon fils de réaliser qu'il était capable de réussir. Il ne subsiste aujourd'hui aucune trace de ce défaut de langage. J'ai appris tout autant que mon garçon au cours de ces années. Au départ, je craignais qu'il puisse traîner ce défaut jusqu'à l'âge adulte et j'angoissais à l'idée qu'il puisse souffrir des moqueries de son entourage. Avoir recours à un professionnel lorsque c'est possible permet non seulement de résoudre plus efficacement un problème mais, bien souvent, les meilleurs d'entre eux savent également traiter les inquiétudes des parents pour éviter qu'elles n'entravent le processus.

Il m'arrive encore de m'inquiéter devant certaines situations. J'essaie de prendre davantage de temps pour cerner le problème et pour envisager des solutions efficaces adaptées aux capacités de mes enfants. Certains de leurs comportements demeurent tout de même déroutants et leur solution est encore une énigme.

La patience est également de mise pour espérer inculquer à nos enfants quelques notions de respect. Pour moi, le respect est une prise de conscience de la valeur d'une personne et elle se reflète dans les paroles et les gestes qu'on pose envers elle quotidiennement.

Le grand ennemi du respect, c'est la loi du moindre effort. Bien que le concept du respect de leur mère soit déjà assez précis dans leur esprit, il ne fait pas encore le poids contre l'envie de laisser à d'autres les corvées ennuyantes, particulièrement à leur mère qui les a toujours prises en charge depuis qu'ils sont au monde. Et, bien sûr, ils sont résistants au changement des routines qui supposent davantage d'efforts de leur part. Ils commencent à réaliser que chaque petite tâche qu'ils exécutent en est une de moins sur ma longue liste de choses à faire. Et puisque c'est la vaisselle qu'ils ont salie qui se trouve devant eux, il est bien normal que ce soit eux qui la ramassent et la placent dans le lave-vaisselle. Lorsque la poubelle déborde, c'est aussi eux qui l'ont remplie et il est injuste que ce soit seulement moi qui doive la vider.

Ce changement de comportement s'effectue à la vitesse de la tortue dans notre foyer. Certains croient que ce sont des batailles perdues d'avance mais je suis déterminée à ne pas lâcher prise. Tôt ou tard, je toucherai leur corde sensible, et ils réaliseront que leur participation aux tâches ménagères m'importe beaucoup. Pour ma part, j'étais adolescente lorsque j'ai pris conscience du manque de respect qui régnait dans la maison sans que personne n'en soit vraiment conscient, à part ma mère.

Ce jour-là, vers dix-sept heures trente, mon père ainsi que ses trois adolescents étaient affalés sur les fauteuils du salon à regarder une émission de télévision. Nous étions certainement arrivés depuis au moins une heure et la table du déjeuner n'avait pas encore été débarrassée. Comme à son habitude, ma mère arrivait la dernière parce qu'elle terminait plus tard et aussi parce qu'à cette époque, elle ne possédait pas d'automobile et voyageait avec une collègue. Épuisée par sa journée de travail, elle avait à peine eu le temps de mettre le pied à l'intérieur que l'un de nous s'écriait : « Salut m'man, qu'est-ce qu'on mange pour souper ? » Je me rappelle encore cette journée où c'en était trop pour elle. Elle retira ses chaussures et fila directement dans sa chambre sans nous adresser la parole. Elle dut laisser libre cours à ses larmes et à sa déception durant une bonne demi-heure parce que, cette fois, la marmite avait explosé. Bien qu'elle ait entendu cette phrase des centaines de fois auparavant, elle avait sans doute besoin cette journée-là que ce soit à son tour d'être prise en charge et de ne pas être seule à tout faire. Franchement, comment pouvions-nous lui manquer de respect à ce point sans nous en apercevoir?

À qui la faute alors? Je dirais que ma sœur, mon frère et moi étions coupables de paresse attribuable à notre passage dans l'âge ingrat de l'adolescence. Notre père était sans doute coupable d'inconscience. Bien qu'il m'ait toujours semblé sensible aux besoins de ma mère, il n'avait pas su répondre à ses attentes ce jour-là. Pourtant, ma mère avait souvent tenté de nous sensibiliser à l'importance de la collaboration familiale. À treize ou quatorze ans, nous étions tout à fait capables de débarrasser la table et de préparer un repas simple qui aurait pu être élaboré la veille au soir. Nous lui aurions ainsi évité de porter seule le fardeau des tâches ménagères et nous aurions ainsi reconnu l'importance du travail qu'elle faisait à l'extérieur de la maison.

Je ne me rappelle pas clairement si la situation s'est améliorée par la suite, bien que ma mère se soit remise de sa déception de cette journée particulière. Une chose est certaine cependant, je n'ai plus jamais tenu pour acquis qu'elle ferait toutes les corvées pour moi et j'ai bien saisi l'importance de ce cri du cœur qui revendiquait un peu de respect auquel elle était en droit de s'attendre.

Si je ne sensibilise pas mes enfants à la valeur de mon temps pendant qu'ils sont jeunes, eux aussi tiendront pour acquis que je ne suis qu'une servante et que leur père n'est qu'un pourvoyeur. Leur apport au bon fonctionnement du foyer est indispensable pour que chacun sente qu'il est important et que sa place est reconnue autant que celle des autres. La prise de conscience est souvent le premier pas à franchir vers le changement d'habitudes et l'élaboration de nouvelles routines de vie. Maintenant que je sais quoi faire, il ne me reste qu'à appliquer ces principes et à m'armer de patience.

Dans ma quête de la patience, j'apprends à éviter de courir deux lièvres à la fois. Je n'ai d'autre choix que de mettre ce principe en application dans mon rôle parental. Par exemple, mes deux fistons semblaient éprouver la même aversion pour l'écriture. Prendre un crayon et écrire des mots les uns à la suite des autres, en formant si possible des phrases compréhensibles, est un défi pour eux et une bataille à finir pour moi. J'insiste pour qu'ils écrivent à peu près tous les jours de la semaine, pour qu'ils relisent ce qu'ils écrivent et qu'ils retiennent chaque fois quelques principes de grammaire ou d'orthographe.

Aujourd'hui, mes efforts sont récompensés avec mon aîné qui me surprend régulièrement par la qualité et l'originalité des textes qu'il rédige pour ses travaux scolaires. Pour mon cadet par contre, la bataille n'est pas encore gagnée. Je dois insister pour qu'il se mette à l'ouvrage et qu'il persévère. Malheureusement, il faut recommencer le jour suivant, et j'ai l'impression que la tâche ne s'allégera jamais.

Même histoire pour le brossage des dents. J'insiste pour qu'ils se brossent les dents matin et soir, et c'est encore un combat difficile. Non seulement je dois le leur faire penser, mais il faut aussi insister, argumenter et parfois menacer pour qu'ils s'exécutent. Ce simple geste de deux minutes est devenu un irritant quotidien et je voudrais donc qu'ils y pensent d'eux-mêmes et que je n'aie plus à m'épuiser dans des argumentations qui n'en finissent plus. Si vous ne connaissez pas la prière du parent, vous pourrez dorénavant la réciter : « Mon Dieu, donnez-moi la patience… mais faites ça vite ! »

Mes lectures sur l'éducation des enfants me dictent de leur laisser faire face aux conséquences naturelles de leurs actes. Dans le cas de mon aîné, il en est résulté un retard en écriture qu'il a dû rattraper ou plutôt que *nous* avons dû rattraper par plus de travail à la maison. Je fais peut-être erreur, mais je crois que si je n'avais pas insisté autant pour qu'il améliore ses aptitudes d'écriture, il aurait pris de plus en plus de retard et se sentirait aujourd'hui incapable de remonter la pente. Je ne crois pas non plus que je devrais les laisser négliger leurs dents jusqu'à ce qu'ils aient des caries et qu'ils doivent compter sur le dentiste pour les réparer.

## Histoires de familles

Le soutien de ma famille dans mon aventure parentale est un facteur déterminant. Leur présence et leur affection influencent aussi la vie de mes enfants. Dans mon enfance, nous avions peu d'occasion de fêtes et de rencontres familiales. Mon père est né en Bretagne et peu de membres de sa famille ont fait le voyage en Amérique. Malgré ses origines européennes, il y est retourné seulement lorsque j'étais adolescente.

J'ai eu davantage de contacts avec mes oncles, tantes, cousins et cousines du côté maternel qui résident presque tous au Québec. Mais lorsque nous étions de jeunes enfants, les occasions de rencontres familiales se faisaient rares, car elles représentaient à l'époque d'importants préparatifs de voyage pour aller les retrouver à quelques heures de route de chez nous. En vieillissant, il m'est devenu plus facile d'assister à certaines rencontres familiales, et j'ai l'occasion aujourd'hui de côtoyer mes cousins et cousines. Je crois cependant que le fossé creusé dans l'enfance est difficile à combler et que les liens qui ne se sont pas créés à cette époque ont peu de chance d'exister à l'âge adulte.

Ce contexte familial un peu isolé a influencé ma vision de l'enfance en particulier lors des célébrations des anniversaires et des fêtes. Par exemple, quand j'étais jeune, nous avons rarement célébré Noël avec d'autres membres de la famille. La fête se passait chez nous, dans la sobriété, avec des décorations souvent faites à la main et un buffet où chacun mettait la main à la pâte selon son âge et ses capacités. Il y avait sous le sapin un ou deux présents pour chacun, sans oublier bien sûr celui de notre chat César que nous aimions beaucoup. Je pourrais qualifier nos festivités de simples et modestes comparativement à ce que j'ai vécu plus tard, lorsque j'ai commencé à fréquenter mon mari et sa famille.

J'ai pu constater d'importantes différences chez ma belle-famille lors du premier Noël que j'ai partagé avec eux. Ma belle-sœur avait alors deux jeunes enfants et elle avait apparemment une vision différente de la fête de Noël et de l'importance de la place des enfants pour cette occasion. Disons les choses franchement, j'étais scandalisée de voir sous le sapin l'amoncellement de présents destinés à de si jeunes

enfants. Leur excitation était telle qu'ils prenaient à
peine le temps de regarder le cadeau à travers le papier d'emballage déchiré avant de le laisser tomber et
de passer au suivant. Cette situation me semblait in-
décente, et je considérais que c'était rendre un bien
mauvais service à ces jeunes enfants que de ne pas
leur permettre d'apprécier la qualité de leurs cadeaux tellement ils étaient distraits par la quantité
qu'ils recevaient. J'ai bien dû semer un peu de
culpabilité auprès de ma belle-famille, mais elle a eu
maintes occasions de prendre amicalement sa revanche. Je me suis bien repentie depuis, au plus grand
plaisir de ma belle-sœur et de ma belle-mère, lorsque, à leur tour, mes fils, si bien élevés, passaient
d'un cadeau à l'autre sans même enlever complètement l'emballage et en se permettant de faire des
commentaires du genre « C'est pas celui que je voulais, mais merci quand même. » Si j'avais pu me glis-
ser sous le tapis, je vous jure que je l'aurais fait à plus
d'une occasion. Ma propre famille, si modeste fut-
elle, se met maintenant de la partie quand il s'agit
d'apporter le plus grand nombre de cadeaux pour
deux petits enfants. Et je ne suis plus en position de
critiquer qui que ce soit, puisque c'est maintenant
bien souvent moi qui propose d'aller faire les achats
pour plusieurs d'entre eux afin de leur éviter de
tourner en rond durant des heures devant les étalages
de jouets qui n'en finissent plus, à se demander ce
qu'ils pourraient offrir à mes enfants qui possèdent
tout ce qui existe déjà.

Mis à part son côté matériel, la fête représente
d'abord et avant tout une occasion de créer des liens
avec la parenté. Lors de nos rencontres familiales, j'ai

incité mes enfants très jeunes à participer aux conversations de leurs oncles, tantes, cousins et grands-parents de sorte qu'aujourd'hui, ils sont toujours enthousiastes pour aller les visiter ou les recevoir à la maison. Notre époque des communications instantanées permet aussi à mes enfants de garder le contact plus facilement avec leur parenté. Envoyer un courriel est tellement plus simple et moins incommodant que d'écrire une lettre ou de contacter quelqu'un par téléphone.

Je sais que tôt au tard nos enfants auront envie d'en savoir davantage sur leurs ancêtres. Il y a quelques années, nous avons offert à mes beaux-parents un guide de rédaction de mémoires pour leur donner le goût de mettre sur papier l'information et les anecdotes de leur histoire ainsi que les détails qui les distinguent. C'est certes un travail ardu, mais qui ne manquera pas d'intéresser leur descendance. Je sais par expérience que les histoires que les enfants préfèrent sont celles qui les concernent. Ils sont toujours contents d'entendre des anecdotes se rapportant à leurs premières années de vie, à leurs premiers mots, à leurs comportements d'alors, aux événements et incidents qui les ont touchés. Comme bien des nouvelles mères, j'ai reçu en cadeau un livre de bébé lors de la naissance de chacun de mes enfants. Cet outil pratique facilite la compilation de renseignements relatifs à toutes les étapes du développement de bébé. J'étais assez assidue à le compléter dans les premières années. Lorsque je le consulte, je m'étonne de constater à quel point j'ai pu oublier ce qu'était leur routine de vie à différentes époques. Ces deux livres sont des trésors aujourd'hui. J'ai même exploité cette source d'information pour initier un rituel qui se perpétue encore aujourd'hui.

Lorsqu'ils étaient âgés de quatre et six ans environ, j'arrivais à les garder tranquilles lors de longs trajets en automobile en leur racontant des histoires que j'inventais au fur et à mesure et qui relataient les aventures de deux jeunes garçons qui leur ressemblaient étrangement. Même les prénoms des deux héros ressemblaient aux leurs. Il leur arrivait toujours des aventures abracadabrantes dans lesquelles prenaient part également leurs héros préférés du moment, le tout assaisonné d'une bonne dose de danger et de mystère. Ils adoraient ces histoires qui les faisaient rire aux éclats et qui stimulaient leur imagination au plus haut point. Ils en redemandaient encore et encore. Plus tard, mon mari a repris le concept et les a entraînés à maintes reprises dans des aventures à travers le monde, dans des ruelles mal famées sous les ponts brumeux de Londres, dans les fonds marécageux de l'Amazonie à combattre de redoutables alligators géants ou encore encerclés par une armée de momies dans les labyrinthes oubliés de l'Égypte ancienne. Seul un bon pédagogue peut avoir l'idée d'enseigner par le biais d'aventures fantastiques sans que les enfants s'aperçoivent qu'ils apprennent des notions importantes d'histoire et de géographie.

L'histoire de leur famille n'est certes pas aussi palpitante que celles que leur papa leur invente encore aujourd'hui, surtout durant les vacances d'été, mais je crois qu'ils apprécieront plus tard l'effort que l'on fait maintenant pour conserver des détails qui

autrement seraient oubliés. Je sais que mon frère a
fait de nombreuses recherches pour constituer un arbre généalogique de notre famille et qu'il a réussi à
remonter à plusieurs générations. Je sais aussi que
mon père a griffonné quelques souvenirs de jeunesse. Ce volet de sa vie a été une découverte tant
pour moi que pour mes enfants, étant donné la distance qui m'a toujours séparée des membres de sa
famille ainsi que la personnalité plutôt taciturne de
mon père.

Mon père a aussi beaucoup influencé ma vie.
Lorsque j'étais une petite fille, mon père était le plus
grand et le plus fort. Il était très présent dans nos activités dès qu'il arrivait de travailler. Il savait s'occuper de nous autant que ma mère. Son rôle de père
ne lui avait pas été dicté par son propre père qui est
décédé lorsqu'il avait environ quatre ans. Néan-
moins, il pouvait se charger de toutes les tâches aussi
bien que ma mère, en plus de savoir tout faire. J'ai
rarement vu un réparateur venir à la maison. Il était
tour à tour menuisier, mécanicien, électricien,
plombier, peintre, plâtrier, jardinier, bricoleur et
homme de maison. Je ne me rappelle pas qu'il ait jamais été sans emploi, ne serait-ce qu'une semaine
dans sa vie. Il a toujours travaillé et, lorsqu'il chan-
geait d'emploi, c'était pour améliorer sa situation. Il
était quelqu'un sur qui on pouvait compter. Il était
toujours là. Il me semble que je devais avoir beaucoup d'affinités avec lui. Il aimait beaucoup dessiner
et bricoler, et nous nous attablions souvent devant
des bouts de papiers, des crayons, des ciseaux et de la
colle pour donner libre cours à notre créativité. Il
était bon en tout : dessin, bricolage de papier et

carton et tous les travaux à plus grande échelle. De la cabane d'oiseaux au coffre à bijoux, en passant par les fameux bolides « boîtes à savon » qu'il modifiait d'année en année avec mon frère.

Il a d'ailleurs mis en pratique ses multiples talents en construisant notre chalet familial avec l'aide d'un ami pendant un été du début des années soixante-dix. À part un homme possédant un gros tracteur qui a remué la terre jusqu'à ce que le chemin nous conduisant de la route principale à notre chalet soit devenu praticable en voiture, je crois qu'il a tout fait lui-même. Il avait même sculpté le lustre, si modeste fut-il, qui surplombait la table de la cuisine. Dans notre famille, les trois enfants ont hérité de son talent et de son intérêt pour tout ce qui se rapporte à la construction et au bricolage en général.

J'ai encore des images nettes des journées où on s'amusait sur la pelouse à l'avant de la maison. Il nous montrait à faire toutes les pirouettes et les acrobaties qu'il connaissait. Il nous faisait jouer au ballon, au Frisbee, au badminton, aux fléchettes et au jeu de poches, sans oublier la course à pied et la bicyclette. Son secret : je crois qu'il s'amusait tout autant que nous. C'était un enfant dans l'âme sous ses airs autoritaires. Son enfance pauvre et difficile a dû assombrir sa vision de la vie et il est très vite devenu un homme responsable qui devait travailler dur pour subvenir aux besoins de sa famille. Il était de nature sérieuse, mais quand il s'agissait de s'amuser avec ses enfants, c'était toujours très facile pour lui. Nous nous adonnions souvent à des jeux de société ou à des jeux de cartes ou nous nous attaquions à un grand casse-tête, en particulier durant les périodes de congé scolaire. Il nous avait même fabriqué un jeu de pichenolles (on dit aussi «pichenottes») tellement bien fait que mes enfants et moi jouons encore avec aujourd'hui. Je n'oublierai jamais le plaisir que j'avais à regarder des comédies à la télévision en sa compagnie. Louis de Funès et Jerry Lewis le faisaient rire aux larmes et j'ai hérité de cette facilité à m'amuser.

Et il y avait son atelier. Dans notre sous-sol, une partie de l'étage était réservée à son atelier de travail où se trouvaient de nombreuses machines, des centaines d'outils et d'innombrables retailles de tous les matériaux qu'il est possible d'imaginer. C'était pour moi la caverne d'Ali Baba. Je revois encore le vieux tabouret sur lequel j'ai passé tant d'heures à le regarder travailler. Il était plutôt réticent à me laisser utiliser son outillage, auquel il tenait beaucoup, pour éviter les blessures. J'avoue qu'il faut posséder une certaine dextérité pour usiner une pièce ou pour assembler un ouvrage qui comporte d'infinis petits morceaux. Mais j'avais toujours le droit de m'asseoir sur le tabouret et de le regarder en posant d'incessantes questions, jusqu'à ce qu'il en ait assez et que ce soit enfin l'heure de m'envoyer au lit.

Depuis que je suis adulte, j'y suis redescendue à maintes reprises et, comme je ne me suis jamais pourvue d'un atelier aussi complet que le sien, il m'arrivait encore récemment de m'y pointer avec des pièces que j'avais besoin de travailler. C'était toujours un plaisir pour lui de voir que ses outils servaient encore à quelque chose. Je crois aussi qu'il était ravi de voir que j'avais hérité de sa passion pour le bricolage. C'est un domaine qu'il connaissait bien et qui lui a procuré beaucoup de satisfaction et de plaisir au cours de sa vie.

Quand mes fils entraient à leur tour dans cet atelier, ils étaient habités par la même curiosité que j'avais à leur âge. La santé de mon père ne lui permettait plus d'y travailler autant et ils n'ont pas eu l'occasion de voir l'artisan à l'œuvre. Cependant, ils m'ont vu bien souvent bricoler et travailler avec ses outils. La créativité et le plaisir de travailler existaient encore dans l'esprit de mon père, mais l'énergie et la capacité physique avaient malheureusement fait place à la maladie et à la frustration de ne plus pouvoir donner libre cours à ses envies de bricoler. Il avait toujours beaucoup aimé descendre dans son atelier et y passer des heures sans vraiment se douter qu'au même moment, il transmettait un peu d'héritage à ses enfants et petits-enfants. Mon père nous a quittés il y a moins d'un an et je sais qu'il veille maintenant sur ses enfants et petits-enfants. Et j'ai le sentiment que la maison de saint Pierre est fichtrement bien entretenue depuis ce temps.

Mon père m'a également transmis une habitude dont il ne soupçonnait pas l'importance à l'époque où j'étais toute petite. Il avait le don d'animer les toutous en peluche et de les faire parler comme des marionnettes pour nous faire rire. Il les prenait dans ses mains et les manipulait en leur prêtant des paroles amusantes et il avait toujours beaucoup de succès lorsque je faisais partie du public. Plus tard, lorsque je me suis mariée, j'ai apporté avec moi quelques-uns de mes toutous préférés, et c'est mon mari qui a pris la relève pour les animer. Au début, il était plutôt mal à l'aise et ne semblait pas en avoir déjà fait l'expérience. Mais il est vite passé maître dans cet art, et nous avons aussi transmis ce plaisir à nos enfants. Je peux dire sans gêne que nous versons parfois dans l'exagération car maintenant, dans notre maisonnée, nous faisons parler bien des choses en plus des dizaines de toutous qui remplissent les chambres. En fait, tout parle chez nous. Par exemple, lorsqu'il fait froid et que mes enfants refusent de mettre un chandail avant de sortir de la maison, le chandail se met à pleurer en disant qu'il ne se sent pas aimé et qu'il a beaucoup de peine d'être ainsi abandonné. Ou encore, lorsque mes enfants refusent de manger leurs betteraves prétextant qu'ils n'aiment pas ça, celles-ci s'expriment d'une petite voix triste : « Mais on t'aime, nous ! » La stratégie fonctionne presque à tous les coups !

Il y a tout de même un aspect un peu plus sérieux à cette technique qui consiste à donner un moyen à l'enfant d'exprimer ses émotions. Quand je fais parler un toutou et qu'il dialogue avec les enfants, je peux me permettre toute sorte de questions, puisque ce n'est pas la maman qui parle, mais leur toutou préféré. Ils peuvent alors lui faire part de leurs états d'âme et je peux moi aussi leur transmettre des valeurs par l'entremise de leur jouet préféré. Mon mari, pourtant inexpérimenté au début de notre mariage, maîtrise maintenant cette technique et y ajoute parfois des commentaires grossiers pour amuser les enfants. Le toutou a le droit d'être fanfaron et d'utiliser un mauvais langage, ce qui ne manque pas de faire éclater de rire les enfants et le papa. Lorsqu'il réalise cependant que je fais les gros yeux, il se résigne alors à gronder le toutou pour lui faire comprendre que ce n'est pas bien d'être impoli.

Il n'est pas surprenant que mes enfants aiment tant les toutous, car je les aime toujours autant moi aussi. Ils servent aussi bien de méthode pédagogique originale que de réconfort pour un petit enfant triste ou malade. Pour les grands enfants aussi. Lors de son récent séjour en dehors du pays, mon mari a retrouvé, cachés dans ses bagages, deux toutous qui avaient voyagé dans la clandestinité et qui ont passé la semaine avec lui dans sa chambre d'hôtel. Il était bien content d'avoir un petit morceau de ses enfants avec lui si loin de la maison.

## Les paroles marquantes

Certains événements et paroles nous marquent plus profondément que d'autres lorsqu'on est jeune et, malheureusement, le parent ne sait jamais à l'avance lesquels atteindront leur but ou auront un effet permanent sur son enfant. J'aimerais bien avoir des pouvoirs divinatoires et connaître à l'avance les effets de mes paroles et de mes actions. Je ne peux me fier qu'à mon expérience et à mon jugement et avoir confiance en moi.

Ma mère a prononcé bon nombre de paroles qui m'ont touchée à différents moments de ma vie. Je me rappelle entre autres l'avoir entendu me dire que les parents devaient éviter de transmettre leurs peurs à leurs enfants. À ce moment-là, elle faisait référence à sa peur de l'eau et de la noyade, car elle savait à peine nager bien qu'elle ait grandi tout près de l'eau dans la région du Saguenay. Elle était bien consciente de sa peur et n'était pas en mesure de la maîtriser suffisamment pour nous inciter à aller nous baigner ni pour nous apprendre à nager. Mais elle a certainement fait l'effort de se placer en retrait des situations touchant la baignade et a tout de même laissé le champ libre à mon père pour nous apprendre les rudiments de la natation et le plaisir de s'amuser dans l'eau. Sa crainte de l'eau ne l'a pas empêchée non plus de nous emmener passer plusieurs étés dans le chalet que mon père avait construit non loin d'une rivière où nous aimions nous laisser emporter par le courant. Elle ne l'a pas empêchée non plus de permettre l'installation d'une piscine derrière la maison dans laquelle je me suis baignée depuis l'âge de onze ou douze ans jusqu'à mon mariage.

Elle m'a dit aussi un jour qu'une des choses les plus difficiles à faire pour l'être humain était de laisser partir ceux qu'il aime. Nous vivions alors des moments difficiles en raison de la maladie de mon père. Même après l'avoir vu subir de multiples interventions médicales et se soumettre à des traitements extrêmement pénibles de dialyse, plusieurs fois par semaine, pendant des années, il nous était très difficile d'envisager ou d'accepter l'idée de son départ. Pas plus qu'il n'est facile pour un parent de laisser partir ses enfants lorsqu'ils sont prêts à vivre leur vie sans eux. Elle a raison. Il est difficile de seulement l'envisager et certainement encore plus difficile de le vivre. L'éducation que je donne à mes enfants est imprégnée de ce commentaire, car j'évite de leur tendre des pièges de dépendance. Je les encourage à développer des aptitudes et des comportements autonomes chaque fois que l'occasion se présente. Je les incite à trouver des ressources à l'extérieur de la maison et à créer des liens avec des amis avec qui ils peuvent partager des intérêts communs.

Sur une note plus légère, ma mère a partagé avec moi sa passion pour l'écriture. Elle m'a dit un jour que l'écrivain désireux de rédiger un bon texte devait s'installer confortablement dans un endroit tranquille et écrire ce qui lui passe par la tête. C'est un peu comme l'exercice physique. Cela demande de la constance, de la régularité et beaucoup de patience. Il doit trouver une bonne idée et l'exploiter à fonds. Sinon, il peut écrire de petites anecdotes de la vie quotidienne ou ses réflexions, ses émotions, ses peines et ses peurs. Le plus difficile, c'est d'être vrai, de cesser de se censurer et de faire abstraction des lecteurs éventuels. Je m'efforce maintenant de mettre cet enseignement en pratique et j'espère y parvenir avant la fin de cet ouvrage.

Beaucoup de petits gestes simples ou d'attitudes sont captés par l'esprit des enfants et on ne sait jamais lesquels auront le plus d'impact. Je porte attention à ces détails, car je me rendrai compte seulement plus tard que certains événements ou paroles auront influencé leur vie d'une manière ou d'une autre.

Ma belle-mère, qui a atteint l'an dernier le statut honorable d'octogénaire, se rappelle encore aujourd'hui, avec autant d'émotion qu'à l'époque, un commentaire qui l'avait blessée au moment où elle amorçait sa première année scolaire. Sa mère est décédée de la tuberculose lorsqu'elle n'avait que quatre ans. Dès lors, son père s'est donné la priorité de prendre soin de son unique fille et ils ont développé des liens très étroits. Il a demandé l'aide de sa belle-sœur pour veiller au bien-être et à l'éducation de cette petite fille et malgré les bons soins que cette tante lui procurait, elle n'en demeurait pas moins orpheline de mère.

Lorsqu'elle était en première année, son professeur, une religieuse austère, leur avait fait rédiger une lettre à l'intention de leurs parents, sans doute à l'occasion des fêtes de Noël. Elle avait demandé à tous les élèves de commencer leur rédaction par l'appellation « Chers parents ». Elle s'était tournée ensuite vers la jeune Pierrette, ma belle-mère alors âgée d'à peine six ans, et lui avait dit à haute voix devant toute la classe qu'elle devait plutôt utiliser l'appel « Cher papa ». Ce manque flagrant de tact a profondément blessé ma belle-mère qui voulait par-dessus tout se sentir comme les autres petites filles de la classe. Il était clair pour elle qu'elle ne devait pas commencer sa lettre autrement et elle n'avait certainement pas besoin que cette enseignante lui en fasse la remarque de manière si indiscrète. Elle a l'impression, encore aujourd'hui, qu'elle a agi consciemment avec mépris et elle lui en veut d'avoir ainsi souligné ouvertement sa différence. Cet incident a miné sa confiance en elle et elle s'est sentie différente des autres pendant de nombreuses années.

Tous les enfants ont besoin de se sentir acceptés et de se croire semblables aux autres. C'est dans les situations simples comme celle-là qu'on risque de briser leur confiance. Comme les jeunes enfants sont souvent malhabiles pour exprimer ce qu'ils ressentent, on sait trop tard qu'une erreur a été commise. L'occasion de la réparer est alors perdue, et la blessure changera l'image que l'enfant a de lui-même pour des années à venir.

Nous avons aussi commis quelques erreurs depuis la naissance de nos enfants et nous avons eu l'occasion de constater leurs effets dans des problèmes qu'il nous a fallu résoudre tant pour le bien-être de l'enfant que pour celui des parents.

Prendre soin d'un tout petit peut parfois dérouter des parents bien intentionnés, et le simple geste de bercer notre petit trésor le soir, pour l'endormir, nous paraissait sans l'ombre d'un doute la bonne chose à faire. Notre fiston avait une nature agitée et ne s'endormait pas facilement de lui-même. Ce rituel a débuté dès les premières semaines de sa vie et nous avons réalisé notre erreur beaucoup plus tard. Il est bien de bercer un enfant pour l'endormir lorsqu'il en a besoin, mais il est important aussi de le laisser apprendre à s'endormir seul. Je dois avouer que ce moment de détente était aussi plaisant pour bébé que pour moi et surtout pour mon mari qui en profitait pour faire le plein d'affection et pour renforcer les liens qu'il développait avec son petit trésor. C'était comme une récompense bien méritée après avoir accompli toutes les tâches éreintantes qui mènent enfin au repos du soir. Quand notre fils avait environ un an, j'ai pris conscience qu'il lui était devenu impossible de se retrouver seul dans son lit au milieu de sa chambre sombre à essayer de s'endormir. Il avait été habitué à s'abandonner au sommeil dans les bras qui le bercent et le tiennent bien au chaud, à l'abri des dangers et des mauvais rêves.

Il fallait le laisser s'habituer à une nouvelle routine et briser l'habitude de nous tenir éveillés jusqu'à vingt-deux ou vingt-trois heures avant de s'abandonner à l'épuisement dans nos bras. Encore aujourd'hui, c'est dans sa personnalité de combattre l'heure du coucher et de résister aux consignes qui ne lui plaisent pas. Cette période a été difficile en particulier pour mon mari qui supporte difficilement les pleurs de ses enfants. Son instinct paternel très développé le poussait à prendre son petit dans ses bras et à tout faire pour le consoler. J'ai dû profiter d'une de ses absences prolongées pour instaurer cette nouvelle routine qui a été l'une des plus pénibles expériences de ma vie de mère de famille jusqu'alors. Je savais que je devais tenir le coup malgré ses pleurs et qu'il devait comprendre que je n'abandonnerais pas après quelques minutes de larmes. La première soirée m'a paru interminable. J'ai utilisé une méthode proposée par un spécialiste de l'éducation des enfants. Je le consolais et le rassurais sans le prendre dans mes bras ni entrer dans sa chambre. Je lui rappelais, à travers la porte fermée, que j'étais là et que c'était l'heure de dormir. J'y retournais toutes les cinq minutes jusqu'à ce qu'il tombe d'épuisement. J'avais attendu qu'il soit particulièrement fatigué le premier soir pour éviter que la situation ne s'éternise et il a tout de même trouvé la force de combattre pendant près d'une heure! J'en pleurais presque. Ses pleurs me torturaient et j'ai dû me faire violence pour ne pas abdiquer et ouvrir la porte de sa chambre pour le consoler. J'étais rongée par le remords et je culpabilisais d'en être arrivée à le faire souffrir autant par faute de l'avoir trop bercé.

Le deuxième soir, il n'a suffi que d'une dizaine de minutes, toujours aussi insupportables cependant, pour qu'il réalise à nouveau que je n'entrerais pas dans sa chambre, que c'était l'heure du dodo et qu'il devait s'endormir par lui-même. Lorsque mon mari est revenu quelques jours plus tard, c'est lui que j'ai dû consoler, car il souffrait tout autant que notre fiston le premier soir où il a dû s'endormir seul. Je n'avais pas réalisé que je devrais sevrer également le papa qui ne supportait pas la nouvelle autonomie de son petit trésor, celui-ci s'étant endormi paisiblement ce soir-là. Est-il nécessaire de préciser que jamais je ne serais parvenue à instaurer cette nouvelle routine du coucher si le père poule qu'est mon mari avait été présent dans la maison ce soir-là?

Toujours sans en être conscients, nous avons fait une autre erreur avec notre premier-né en lui offrant une « suce[*] » dès sa naissance. Je ne sais pas si la situation est différente aujourd'hui mais, il y a douze ans, les infirmières en pouponnière en recommandaient l'usage et en offraient même aux nouvelles mères qui n'en avaient pas apporté à l'hôpital. L'objet est effectivement bien pratique pour calmer les pleurs de bébé qui développe très rapidement une accoutumance à ce petit bout de caoutchouc. Notre fils pleurait beaucoup lorsqu'il était tout petit et nous l'utilisions continuellement pour réconforter tant les parents que le bébé. Elle était presque devenue partie intégrante de son visage à en voir les photographies de ses premières années. À une certaine époque, peu avant l'âge de deux ans, il se réveillait souvent la nuit parce qu'il la perdait dans son lit. Nous devions nous lever et allumer les lumières pour la trouver. Pour éviter ces épuisantes interruptions toutes les nuits, j'ai fini par lui en fournir plusieurs qui se trouvaient un peu partout

---

[*] Tétine ou sucette en caoutchouc.

dans son lit. Il n'avait qu'à tâter avec sa main et il finissait toujours par en trouver une.

Lorsque j'ai réintégré mon emploi, mon fils a fréquenté une garderie où il était en contact avec beaucoup de maladies contagieuses. Je soupçonne que sa « suce », suspendue à un petit cordon fixé à son gilet, devait être en bonne partie responsable des multiples infections qu'il y a contractées. Qui sait où elle pouvait traîner et qui la manipulait sans la rincer avant qu'il la remette dans sa bouche.

Lorsqu'il avait environ deux ans et demi, nous avons constaté que ses dents supérieures ne s'allongeaient pas suffisamment, et notre dentiste nous a fait réaliser que l'utilisation prolongée de la « suce » avait commencé à déformer son palais. Il croyait que l'enfant devait également la mordre fortement, ce qui empêchait ses dents de sortir complètement de la gencive. Voilà, le mal était fait.

Rien n'était totalement perdu cependant, car son palais allait poursuivre son développement durant plusieurs années encore et la solution consistait à le sevrer de sa dépendance. Bien plus facile à dire qu'à faire. J'ai alors pris conscience qu'il l'avait dans la bouche la majorité du temps. Un autre défi s'annonçait.

J'ai d'abord commencé par l'encourager à ne pas l'utiliser aussi souvent durant le jour lorsqu'il se trouvait avec moi. Petit à petit, j'ai jeté les plus vieilles pour ne garder que ses deux préférées. Je les dissimulais durant la journée de sorte qu'il n'avait plus le réflexe de les prendre et il a finalement cessé de les utiliser même lorsqu'il passait la journée chez une gardienne ou chez grand-maman. Je savais alors que je devais trouver une solution particulièrement convaincante pour qu'il cesse de l'utiliser durant la nuit sans nous réveiller pour la réclamer.

La plupart de mes lectures sur l'éducation des enfants ont un jour ou l'autre été utiles et cette fois n'y a pas fait exception. Je lui ai donc proposé un marché très alléchant. En feuilletant par hasard un catalogue de jouets, il avait remarqué un grand jeu de ferme qui comportait des dizaines d'animaux, avec un bâtiment, des clôtures et plein d'autres accessoires colorés. Je n'avais pas voulu faire l'acquisition de ce jeu, car je savais bien que je devrais sacrifier une pièce tout entière de la maison pour construire cette ferme géante avec tous ses morceaux. Mais que représentait une pièce en désordre par rapport à la dentition de mon fils?

Je lui ai donc proposé le marché suivant. Il allait avoir trois ans et je lui ai expliqué qu'il était maintenant un grand garçon et qu'il pouvait faire plein de choses que son jeune frère ne pouvait pas faire. Je lui ai fait remarquer que même s'il dormait toujours avec sa «suce», il n'en avait plus besoin, puisqu'il ne la prenait plus du tout durant le jour, contrairement à son «bébé» de petit frère. Il était d'accord, il était un grand garçon. Je lui ai expliqué que ce serait facile de perdre cette habitude. Pour l'encourager, j'avais préparé un calendrier avec quatre cœurs rouges et une photo de la ferme jouet dont il rêvait. Je lui ai dit que cette ferme était réservée aux grands garçons seulement et que s'il arrivait à passer quatre dodos sans sa «suce», il recevrait ce jouet en cadeau. Il a cru toute mon histoire, même le passage où il perdrait «facilement» l'habitude.

Cela n'a pas été si facile le premier soir, mais il avait très envie d'avoir sa récompense. Il s'est couché dans un état d'inconfort et d'insécurité qui faisait peine à voir. Mon mari et moi ressentions le désarroi de notre petit trésor et nous avons dû résister à la tentation de capituler avant lui. Cette aventure a connu un dénouement heureux, car il a réussi – ainsi que ses parents – à passer à travers ces quatre nuits de grand garçon. À son réveil du quatrième dodo, je l'ai invité à me rejoindre sur la galerie. Il y a trouvé avec ravissement la ferme jouet pour laquelle il avait tant fait d'efforts et qu'il avait bien méritée.

Bien qu'il ne joue plus avec cette ferme depuis longtemps, ni son jeune frère d'ailleurs, je ne me suis pas encore résignée à m'en défaire, car elle me rappelle ce brave petit garçon, couché dans son lit, le regard rempli d'inquiétude et se demandant comment il ferait pour s'endormir sans sa « suce » pour le rassurer. Nous n'avons jamais cessé d'aller le border le soir et depuis, sa dentition s'est si bien replacée qu'il n'y paraît plus rien, sauf pour son dentiste qui l'examine d'un peu plus près.

J'ai bien tenté de ne pas commettre cette erreur avec mon cadet en retirant peu à peu sa « suce » lors des siestes. Mais j'ai compensé en lui laissant terminer son biberon et c'est pour celui-ci qu'il a développé une accoutumance. Quoi qu'il en soit, il ne boit plus au biberon, et bien des solutions ont été mises en place pour résoudre les problèmes que nous avons rencontrés tout au long de leur croissance. L'éducation des enfants me déroute parfois, car je m'imagine apprendre de mes erreurs pour éviter de les commettre à nouveau. Mais les situations qui se

présentent sont toujours différentes et je suis constamment à la recherche de nouvelles solutions pour
y faire face. Malgré les lectures, je suis souvent prise
au dépourvu et je me retrouve à la case départ.

J'ai aussi parfois fait l'erreur de comparer mes enfants aux autres. Rien n'est plus angoissant pour un
parent que de croire que son tout-petit est déjà en
retard parce qu'il n'a pas encore percé sa première
dent, qu'il n'a pas encore fait ses premiers pas ou
qu'il n'est pas encore propre. Il est tout de même
inévitable de comparer entre eux les enfants de
même famille qui se développent pourtant à des
rythmes différents. Gageons qu'ils sauront tous mar-
cher, manger seuls et écrire leur nom sans faute à
l'âge adulte. À notre époque de réforme scolaire, du
moins dans notre province, même les enseignants refusent dorénavant de donner des notes aux élèves
dans leurs bulletins pour éviter que la comparaison
avec les autres démotive les moins performants et
que leur nom s'ajoute à la liste des décrocheurs po-
tentiels. Bien que cette procédure m'irrite et m'empêche de constater les performances de mes enfants,
je dois avouer qu'elle évite effectivement l'angoisse
de savoir que leurs notes sont insuffisantes. Par contre, s'ils réussissent bien et qu'ils obtiennent les
meilleures notes, ils n'en retireront pas la fierté essentielle pour motiver l'excellence et le dépassement
de soi.

## Les rôles connexes

En tant que mère de famille, je m'octroie bien des
rôles connexes à l'éducation des enfants. Entre

autres, il m'arrive souvent de jouer le rôle de psy-chologue, rôle que j'adore et dont l'étiquette commence à me revenir affectueusement par mon entourage. Il est vrai que j'ai un intérêt marqué pour tout ce qui se rapporte aux comportements humains et j'ai du plaisir à établir des relations entre mes lectures sur le sujet et les situations se rapportant aux gens qui m'entourent. Depuis que je suis mère, je dois dire que je suis servie à souhait et je m'adonne à cette activité analytique très souvent sans trop savoir si je fais fausse route ou non dans mes réflexions.

La rédaction de cet ouvrage m'a donné l'occasion de me laisser aller à jouer mon rôle de philosophe. Sans aucune prétention, je prends plaisir à réfléchir et à m'interroger sur les rapports humains et sur les causes et les effets de nos actions. Là encore, rien n'est moins sûr que mes réflexions soient justes, mais il me plaît de croire que ma pensée évolue un peu au fil de mes expériences personnelles.

Par la force des choses, j'en suis également venue à développer de nouvelles aptitudes pour pallier les frustrations rencontrées sur ma route. Entre autres, après des mois à chercher des solutions efficaces pour une question médicale, j'ai profité de mes temps libres pour m'instruire sur les médecines « alternatives » pour soigner mes enfants et ma famille. Je jouais alors mon rôle de médecin.

Avant que j'entame ma profession de mère de famille, l'entrée de mon fils en garderie n'a pas manqué d'amener son lot de problèmes en plus d'une panoplie de microbes et d'infections contagieuses qui, bien qu'ils soient immensément répandus, représentent encore une énigme pour la médecine traditionnelle. Un

simple rhume non soigné dégénère chez certains enfants en infection plus importante et, chez mon fils
alors âgé de deux ans, cela s'est traduit par des otites à
répétition. Après avoir dû le soumettre à quatre ou
cinq traitements aux antibiotiques sur une période de
quelques mois, j'ai commencé à perdre patience et à
m'inquiéter de l'effet à long terme que ces médicaments pouvaient avoir sur son système immunitaire. Il
était clair qu'il n'arrivait plus à combattre le moindre
microbe, qu'il soit d'ordre viral ou bactérien. Dès
qu'il terminait la prise d'antibiotiques, il contractait
un nouveau virus et devait recommencer un nouveau
traitement. Je me sentais aussi impuissante que l'étaient
tous les médecins que je consultais à l'urgence de
l'hôpital ou en clinique privée.

J'ai commencé à leur poser davantage de questions pour lesquelles ils n'avaient aucune réponse
satisfaisante. Très peu d'entre eux semblaient sen-
sibles à mes préoccupations et pratiquement aucun
ne pouvait me recommander de solution palliative
dans d'autres types de médecine. Peut-être la nouvelle génération de médecins se sentira-t-elle moins
menacée par tout ce qui existe en dehors de ce
que le corps médical leur enseigne, mais ce n'était
toujours pas le cas il y a une dizaine d'années.
Lorsque mon aîné a rapporté un énième microbe
de la garderie et l'a transmis à son petit frère alors
âgé de seulement cinq semaines, c'était la goutte
qui a fait débordé le vase. J'étais furieuse d'être
aussi démunie devant des infections si courantes et
j'ai décidé de mettre en pratique les connaissances
acquises au cours des derniers mois sur la phyto-
thérapie et de courir le risque de faire fausse route.

Je refusais de donner des antibiotiques à un poupon de cet âge et de lui faire prendre le même chemin que son grand frère qui n'arrivait plus à combattre la moindre infection virale. Bien que je n'aie fait aucune étude en médecine, je voyais bien que les traitements aux antibiotiques étaient inefficaces.

Après avoir tenté quelques expériences sur moi, j'ai sorti mes remèdes de grand-mère. Bien sûr, j'ai conservé les acétaminophènes pour soulager les symptômes et permettre à tous de prendre un peu de repos. Mais j'ai tranquillement introduit les gouttes d'échinacée, un extrait de plante. Je les donne dans une gorgée de jus à mon aîné plusieurs fois par jour et je les ajoute au lait de mon nouveau-né. Cette plante a pour vertu de stimuler le système immunitaire avant que le microbe ne prenne de la force, contrairement aux antibiotiques traditionnels qui le combattent après qu'il soit bien installé dans l'organisme. Je surveillais tous les symptômes de très près, car j'étais habitée par le doute et rongée par le remords de n'avoir pas suivi la prescription habituelle du médecin qui était restée dans mon sac à main au cas où l'état de mes enfants se détériore. Ayant passablement d'expérience avec les otites, je m'étais renseignée sur les risques à ne pas les soigner et sur les conséquences possibles. À ma stupéfaction, le médecin à qui je me suis adressée m'a confié que très peu d'otites nécessitaient d'être traitées aux antibiotiques et que, d'après lui, quatre-vingts pour cent d'entre elles pouvaient se résorber naturellement. Comme ils ne peuvent discerner les unes des autres, ils prescrivent systématiquement des antibiotiques pour tous les cas d'otite sans exception. J'étais outrée! J'en voulais au corps médical tout entier de ne pas aider davantage les parents à prévenir les infections pour éviter d'avoir à les traiter par la suite et je demeurais persuadée qu'il existait une autre solution. À ce que je sache, les hommes des cavernes ne faisaient pas usage d'antibiotiques et je doute que les infections étaient au cœur de leurs préoccupations de survie. Ils avaient encore à combattre les mammouths et à créer le feu.

Mon aîné étant capable de boire au verre, j'ai également commencé à lui faire prendre des petites gorgées d'eau salée plusieurs fois par jour – jolie grimace garantie – dès l'apparition des premiers symptômes d'un état grippal. Mes cours d'histoire de base, bien que j'en aie oublié une bonne partie, m'ont enseigné que les premiers colons qui traversaient l'océan pour découvrir de nouvelles contrées devaient saler leurs viandes et poissons pour éviter que les bactéries ne les attaquent et ne les fassent pourrir. Comme les premiers signes de rhume ou de grippe s'observent souvent dans la gorge, je me suis dit que de garder cette partie de l'anatomie dans une condition salée, pendant vingt-quatre à quarante-huit heures, pourrait peut-être empêcher les bactéries de se développer et d'envahir tout le système respiratoire avec les conséquences qui en découlent immanquablement.

Il y a plus de dix ans que j'applique ces traitements et depuis, nous n'avons plus eu recours aux antibiotiques, à part mon mari pour soigner une sinusite. Les microbes essaient encore de s'attaquer à nos organismes de temps en temps et cette méthode est toujours parvenue à les combattre. Je ne suis pas

opposée à les traiter avec des antibiotiques s'il s'avérait nécessaire de le faire, mais je suis tout de même
satisfaite d'avoir pu éviter aux enfants la prise de
médicaments inutiles. La médecine me semble une
science similaire à l'éducation des enfants : nous
sommes en perpétuel apprentissage et nous n'avons
aucune garantie que la méthode utilisée donnera les
résultats escomptés. Je trouve difficile de m'en remettre aveuglément à la médecine et je préfère prendre part activement au traitement chaque fois que je
le peux.

L'expression « remède de ma grand-mère » me fait
sourire particulièrement aujourd'hui, car ma propre
mère a pour la première fois mis mes conseils en application après s'être plainte d'un mal de gorge. Elle
trouvait que ce traitement lui ferait consommer trop
de sel mais elle a tout de même tenté l'expérience.
Comme la plupart des adultes instruits de notre époque, elle était loin d'être convaincue que quelques
petites gorgées salées pourraient lui éviter trois semaines de misère causées par un rhume qui dégénère. Lorsque je l'ai rappelée deux jours plus tard,
elle m'a dit qu'elle se sentait très bien. Je percevais
toujours un peu de scepticisme quant à l'efficacité de
mon traitement malgré la disparition des symptômes, mais je crois bien qu'elle va tenter à nouveau
l'expérience la prochaine fois et finira par reconnaître mes qualités de guérisseuse.

J'ai constaté à une autre occasion le fossé qui
existe entre la médecine traditionnelle et les solutions dites alternatives. Mon aîné, que je sur-
nomme encore mon « sport extrême », s'était tordu
une cheville en descendant l'escalier avec un peu trop

d'énergie ce matin-là. Après consultation médicale, il était soulagé de constater qu'il n'avait pas de fracture, mais il devait tout de même porter une chevillère pour aider sa cheville à se rétablir. Quelques semaines plus tard et peu de temps avant le début de sa saison de hockey, il s'est tordu de nouveau la cheville avec cette fois une fracture à la plaque osseuse – celle-ci servant à la croissance, enfin c'est ce que j'en ai compris – et il a dû porter un plâtre pendant quelques jours, le temps de vérifier à nouveau son état. Heureusement, il s'en est tiré une nouvelle fois avec le port de la chevillère. Cependant, nous faisions face à une situation répétitive et, d'après le médecin, ses chevilles étaient affaiblies par sa croissance rapide. Il était persuadé que mon fils serait sujet à d'autres blessures similaires à court terme et n'avait comme prescription que l'abstinence des activités trop violentes pour les pieds. Toute une solution pour un jeune de neuf ans!

Ayant hérité de certains traits de caractère de mon père, voire sa tête de mule de Breton, je refusais d'accepter ce diagnostic et de croire que mon petit bonhomme devait renoncer à sa saison de hockey. Je l'ai donc emmené consulter un chiropraticien qui me traitait depuis plusieurs années et qui m'avait toujours procuré beaucoup de soulagement. J'avais confiance qu'il puisse m'éclairer davantage sur cette faiblesse à la cheville. Ce professionnel attentif et doté du gros bon sens a remarqué que le pied de mon fils tournait légèrement vers l'extérieur et que cette position précaire ne manquerait pas de lui causer de nouvelles blessures au cours de ses activités physiques. Il a tout simplement recommandé de lui fabriquer une orthèse à insérer dans sa chaussure qui force sa cheville à demeurer dans la bonne position. Mon fils a poursuivi sa carrière multisport sans jamais souffrir de nouvelles blessures à la cheville par la suite. Encore une fois, il s'agissait de trouver une méthode de prévention à un problème potentiellement répétitif plutôt que de risquer une blessure plus grave nécessitant une immobilisation de plusieurs mois. J'imagine assez facilement la peine et la frustration de mon fils s'il avait été forcé de cesser ses activités physiques de manière préventive. Il faut certes un peu plus de courage et de temps pour contester un diagnostic et pour chercher une solution de rechange mais, pour mes enfants, l'exercice a eu des effets positifs. Voilà encore un avantage du statut de mère de famille professionnelle.

## Petits enfants deviendront grands

« Nos enfants sont tellement beaux! Tous les parents trouvent que leurs enfants sont les plus beaux, mais les nôtres sont vraiment plus beaux... » Se pourrait-il que la plupart des parents aient déjà prononcé cette phrase au moins une fois dans leur vie? Je suis évidemment du même avis, mais je me garde bien de le dire pour ne pas passer pour une femme complètement absorbée par son rôle de mère et maintenant dépourvue de discernement et de réflexion. Cela dit, j'aime beaucoup regarder mes enfants. Ils sont venus au monde beaux et avec tous leurs morceaux. J'aime les regarder changer. Bien sûr, ils grandissent et leurs membres s'allongent un peu plus chaque année. Mon aîné, du haut de ses douze ans, me regarde maintenant dans les yeux sans lever la tête. J'observe souvent son visage qui, à ce stade-ci, s'allonge et perd sa rondeur enfantine. Il prend davantage les traits de son père et son expression n'est plus celle d'un enfant. Les traits du jeune adulte s'y dessinent déjà. Quoique j'y aperçoive souvent des mimiques et des grimaces plus ou moins gracieuses qui appartiennent encore à l'enfance, j'y vois maintenant des expressions qui traduisent la conscience et la réflexion. Quant à mon « bébé », ses pieds s'allongent tellement vite qu'ils dépasseront bientôt les miens.

Je me surprends de temps en temps à imaginer à quoi ils ressembleront à l'âge adulte. Je suis bien triste de penser que ces beaux petits visages roses à la peau si douce et invitante à caresser seront éventuellement remplis d'acné, de poils de barbe et de coupures de rasoir. J'ai moins apprécié l'époque où les changements de dentition défiguraient leurs beaux visages. Quelle mère de famille n'a pas omis volontairement d'envoyer aux grands-parents les photos d'école de son enfant de deuxième année parce qu'il y avait ce trou béant juste au milieu du sourire ? J'ai omis également de leur transmettre la photo d'école de la cinquième année sur laquelle mon fils avait dû poser de côté pour dissimuler une grosse blessure résultant d'un brin de témérité sur son vélo.

D'ici quelques années, ils me dépasseront d'une bonne tête car ils seront devenus des hommes. Ils auront trouvé leur voie et, peut-être, une compagne pour partager leur vie. J'imaginerai alors à quoi ressembleront mes petits-enfants et espérerai que l'un d'eux partage ma passion pour l'écriture.

## Se préparer au nid vide

Je commence à me rendre compte que je cesserai bientôt d'être au centre de l'univers de mes enfants. Mon aîné a déjà une vie sociale bien plus épanouie que celle que j'avais à cet âge-là. Il a de plus en plus d'activités en dehors de la famille. Il est aussi plus autonome pour faire ses devoirs scolaires et il m'arrive maintenant de ne plus pouvoir l'aider avec ses problèmes de mathématiques, ayant plus d'aptitudes pour les langues et les sciences sociales que pour les sciences pures. Je le vois se tourner lentement vers le monde extérieur et il est rassurant de réaliser qu'il prend le bon chemin. Il acquiert plus de confiance en lui et développe le réflexe de demander aussi de l'aide à des intervenants extérieurs. Il va parfois fouiller à la bibliothèque municipale pour trouver de l'information et, naturellement, il est connecté sur Internet « par intraveineuse ». Il lui arrive maintenant de transmettre des courriels à ses oncles, tantes et cousins pour obtenir de l'information ou simplement pour garder le contact. Dans quelques années, lorsqu'il aura quinze ou seize ans, je crois qu'il sera déjà très autonome et j'espère qu'il aura placé autour de lui plein de ressources pour le guider dans sa démarche d'avenir. De mon côté, j'apprends à lui accorder plus de liberté chaque jour.

Il me reste tout de même quelques années de plus avec mon cadet. Peut-être la peur de ne pas être prête à laisser partir ses enfants a-t-elle encouragé plus d'une mère à mettre au monde un autre enfant, le petit dernier, pour retarder un peu plus cette séparation inévitable? Je n'angoisse pas devant cette échéance parentale qui va sans doute se transformer en une

relation différente, à tout le moins en service de taxi
ou en source de financement. Je souhaite tout de
même créer chez mes fils un attachement assez fort
pour qu'ils aient envie de revenir voir leurs parents régulièrement, de s'asseoir à la table de la cuisine devant
un café à discuter de choses et d'autres. Ils auront parfois besoin de conseils qu'ils ne suivront pas ou viendront simplement se ressourcer et reposer leurs pieds
sur terre, pour se rassurer que leurs racines sont toujours là au même endroit. À quarante-cinq ans, cela
me fait toujours du bien d'aller m'asseoir à la table de
la cuisine chez ma mère, ne serait-ce que pour jouer
une partie de cartes. Elle est toujours là. Le monde
continue de tourner malgré les tremblements et les
secousses qui se produisent dans ma vie de temps en
temps. J'espère être à mon tour ce havre réconfortant
où mes enfants pourront venir chercher un peu de
paix et de sécurité. Je crois qu'il faut savoir laisser partir nos enfants pour qu'ils aient envie de revenir.

Au début de ma vie d'adulte, avant que je quitte la
maison, j'avais hâte de trouver un endroit où je serais
chez moi, où je serais libre d'agir à ma guise sans devoir rendre de comptes à mes parents ou me préoc-
cuper des besoins des membres de la famille. C'est
ce que j'ai fait en me mariant. Nous nous sommes
construit un foyer et j'appréciais chaque moment de
cette nouvelle indépendance si longtemps convoitée.
Tout à coup, la maison de mes parents a changé de
vocation pour moi. Elle était devenue un endroit où
j'avais à nouveau du plaisir à retourner, à retrouver
de vieilles habitudes, où je pouvais tout simplement
m'asseoir avec eux pour bavarder de tout et de rien.
Elle est redevenue une assise aussi importante que

lorsque j'étais enfant. Là se trouvent mes racines. C'est un endroit simple, pas compliqué, où je retrouve un sentiment de paix et d'acceptation inconditionnelle, où je n'ai pas à jouer un rôle, où je peux laisser tomber les masques que je porte à l'occasion et où je peux baisser la garde sans craindre de recevoir des coups ou de perdre mes acquis.

Étant consciente de l'importance de cet aspect de ma vie, je m'efforce de créer un environnement familial rempli d'activités et d'éléments positifs et d'incruster dans la mémoire de mes fils des souvenirs d'enfance qui constitueront à leur tour un havre de paix. Ils pourront venir s'y ressourcer et échapper un peu au chaos de leur vie d'adulte. J'aimerais qu'ils sachent que la porte leur sera toujours ouverte et qu'ils pourront venir soulager un peu leur fardeau quotidien.

Je suis à l'étape de leur apprendre à devenir autonomes et indépendants. Je m'inquiète parfois de savoir s'ils pourront prendre leur vie en main et aller de l'avant sans être toujours dépendants de nous sur le plan financier ou affectif. Chaque journée présente des occasions de leur laisser prendre un peu plus d'initiative et c'est à travers des tâches à la mesure de leurs capacités qu'ils développent leur autonomie. Plus les défis grandiront, plus ils seront aptes à les relever.

Ma belle-sœur et mon beau-frère sont rendus à l'étape suivante : la séparation. Leurs trois enfants ont quitté le foyer familial pour poursuivre études et carrières. Ils se retrouvent pratiquement seuls dans une maison qui semble vide et silencieuse, condition parfois difficile à supporter. Ils font face au syndrome du nid vide. Ils sont affectés non seulement par l'absence des enfants, mais aussi par l'absence de l'effervescence suscitée par les amis de leurs enfants qui passaient beaucoup de temps chez eux et avec qui ils avaient créé des liens affectifs importants. Maintenant, les occasions d'échange avec leurs enfants et avec des jeunes de cette génération se font plus rares et ils ont décidé de réagir avant que la réalité de la vieillesse commence à creuser ses sillons dans leur esprit. Je devrais prendre exemple sur eux, car ils font face à ce tournant avec énergie et une attitude positive. Par exemple, ils ont entrepris un «tour du monde» à vélo et profitent de leurs vacances estivales pour découvrir un nouveau coin du monde chaque année. Ils s'engagent encore beaucoup dans la vie de leurs enfants, mais ils pensent davantage à eux. Ils semblent donner la priorité à l'activité physique et aux relations avec leur famille et leurs amis.

Je ne peux que présumer des sentiments de ma belle-sœur et de mon beau-frère, car j'en suis encore au stade de la jeune enfance et de la dépendance parentale. Comme bien des étapes importantes de la vie, le processus de détachement devrait s'échelonner sur une période relativement longue pour permettre à chacun de s'ajuster à son nouveau rôle. À l'étape où j'en suis, il m'est impossible d'envisager de ne plus avoir mes enfants autour de moi et c'est bien normal, car ils ne sont pas en mesure d'assumer leur propre existence. Mais puisque je m'efforce de leur donner les outils pour devenir autonome, il y aura forcément un détachement et un éloignement qui laisseront aussi un grand vide dans nos vies. Si j'étais sage, je planifierais déjà les années «post-enfants» en prévoyant des activités et une routine de vie adaptée à tout ce calme et ce temps libre retrouvés. Mais je présume que je suis comme la plupart des parents trop engagée auprès de mes jeunes enfants pour envisager cette séparation à ce stade-ci.

Cette étape qui se présentera inévitablement relance dans mon esprit le débat sur la question de ma carrière professionnelle. Je suis bien consciente que ce ne sera pas au moment du départ de mes enfants qu'il me faudra planifier de nouvelles activités. Je devrais commencer à me recentrer sur mes besoins pour que cette douloureuse coupure devienne plutôt une transition qui s'opère en douceur. Et si je n'y arrivais pas? Tant pis! Je serai une mère envahissante au crochet de ses fils et de ses brus, assortie d'un mari ayant lui aussi une dépendance affective envers ses merveilleux enfants devenus grands! Mon mari clame depuis longtemps qu'il ne prendra jamais sa retraite. Il pense qu'il va plutôt adapter son rythme de travail selon ses capacités physiques et son désir de rester impliqué dans son entreprise. Je pense que c'est une excellente façon d'envisager son avenir, car il retire beaucoup de satisfaction de la profession qu'il exerce et il aura la possibilité d'y demeurer actif tant que sa santé le lui permettra. Peut-être arriverai-je alors à le convaincre de venir faire une petite partie de golf avec moi de temps en temps si nos articulations tiennent encore le coup.

Nous passons vingt ans de notre vie à vivre celle de nos enfants, à tout faire pour eux, à respirer pour eux, à rire et pleurer avec eux, à nous émerveiller avec eux, à connaître leurs amis, leurs amours, leurs peurs et leurs ennemis. Et, tout à coup, nos enseignements portent leurs fruits. Ils sont des adultes autonomes et ils quittent le nid. Ils s'en vont. Pouf! C'est fini. Comment fait-on pour se préparer à ça, au nid vide, au téléphone qui ne sonne pas assez souvent pour nous donner de leurs nouvelles? Je serai sûrement aussi dépourvue que la plupart des parents quand les miens partiront. Lorsque j'observe des gens autour de moi qui n'ont pas d'enfants, je me désole pour eux. Si par malheur ils ont en plus perdu leur conjoint, ils font face à un grand vide. Vieillir seul me semble un lourd fardeau, un scénario trop triste. Quand les enfants quittent le foyer familial, le vide s'installe mais les enfants existent toujours. Ils demeurent un point d'intérêt majeur pour leurs parents même s'ils ne veillent plus sur eux comme avant. Leur souvenir et toutes les expériences vécues avec eux alimentent l'imagination des parents et donne tout de même un sens à leur vie. Je ne me considère pas comme une fille ingrate et pourtant, il m'est arrivé de négliger d'appeler mes parents durant près de deux semaines parce que j'étais prise dans le tourbillon de mes activités personnelles. Il m'est bien difficile d'imaginer rester sans nouvelles de mes enfants pendant plus de quelques jours. Et pourtant je souhaite qu'ils aient une vie riche remplie d'activités qui les stimulent et qui les occupent. J'ai fait état dans ma bibliographie de certaines lectures que j'ai faites pour tenter de devancer les étapes et éviter d'être prise au dépourvu. Je vais donc me pencher sur cette étape importante de la vie des parents pour éviter de trébucher le moment venu.

# 4

# L'envers de la médaille

## La culpabilité

Pour moi, élever des enfants implique malheureusement de ressentir un éternel complexe de culpabilité. J'ai l'impression soit de ne jamais en faire assez, soit de faire ce que je ne devrais pas, ou encore je doute de mes décisions. Par exemple, je me sens souvent coupable de ne pas leur faire toujours des repas équilibrés et de leur permettre trop souvent d'aller s'acheter des bonbons au dépanneur du coin. Même si nous consommons peu de mets de restauration rapide, je n'investis pas beaucoup de temps à cuisiner, car il y a mille autres choses qui m'intéressent davantage. Je me sens coupable de les laisser passer trop de temps devant leur ordinateur au lieu de les inciter à sortir dehors et à développer leur créativité. Je me sens coupable de ne pas insister assez pour qu'ils fassent plus de travaux scolaires, de lecture, d'écriture et de mathématiques. Je me sens coupable de ne pas les responsabiliser davantage sur la collaboration que j'attends d'eux dans la maison. Je les pousse à faire un peu de ménage de temps en temps, mais je dois tellement insister que je finis souvent par lâcher prise et faire le gros du travail moi-même. Lorsque je ne peux plus descendre dans le sous-sol parce que la simple idée du désordre qui y règne me décourage, je prends les grands moyens et j'attends qu'ils soient absents pour faire un grand ménage. Je me sens coupable lorsqu'on est tous les quatre à la maison et qu'on n'en profite pas pour s'adonner à des activités familiales, des discussions ou des jeux. Je me sens coupable lorsque je fais le tri et que je me débarrasse à leur insu des vieux jouets ou des babioles accumulées au fil des années, même s'ils ne s'en rendent jamais compte, car ils en ont des centaines d'autres. Et pourtant, je me sens également coupable que la maison soit encombrée de tant de choses non utilisées depuis des années. Je me sens coupable de jeter leur vieille paire de souliers lorsqu'on revient du magasin avec une paire toute neuve parce qu'ils me disent qu'ils aiment encore la vieille. Je me sens coupable lorsque je vois que la mousse roule sur le plancher de leur chambre parce que le ménage n'a pas été fait depuis trop longtemps. Je me sens coupable lorsque la porte de leur garde-robe ne ferme plus tellement il y a de jouets amoncelés à l'intérieur. Je me sens coupable lorsque je les vois porter un pantalon maintenant trop court ou un gilet troué et je me sens aussi coupable lorsque j'utilise ma carte de crédit pour la cinquième fois dans la même journée pour leur acheter de nouveaux vêtements, des articles de sport ou des chaussures. Je me sens coupable lorsqu'ils n'ont pas eu le temps de prendre un bain et qu'ils vont à l'école avec les ongles ou les cheveux mal soignés. Je l'avoue, j'assume la responsabilité de la plupart des faits et gestes de mes enfants, car je crains qu'on ne me juge sur ces évidences.

En contrepartie, je suis fière de la personnalité ouverte et curieuse de mes enfants. Je suis fière de leur capacité à démontrer de l'affection et de l'empathie envers les gens qui les entourent. Je suis fière de la relation qu'ils ont établie entre eux grâce à notre intervention soutenue. Lorsque nous aurons disparu, je sais que le plus bel héritage que nous leur aurons laissé sera ce lien très fort qui les unit ainsi que leur capacité à en créer de nouveaux avec d'autres gens de valeur qui croiseront leur route. Je suis fière d'avoir pris la décision de leur consacrer toute mon attention et d'avoir quitté mon emploi pour être présente dans leur vie. Je suis fière de leur éviter les inconvénients du transport scolaire avec sa part d'inconfort et d'intimidation. Je suis fière du respect qu'ils ont pour moi et de la manière dont ils me traitent, de leur langage poli (en ma présence du moins) et de leur considération pour mes sentiments, de leur reconnaissance grandissante envers les efforts que je déploie pour leur bien-être et leur évolution. Je suis fière des lectures que j'ai faites pour acquérir de nouvelles connaissances sur l'éducation et mes relations avec eux et d'avoir trouvé les moyens de les mettre en application pour solutionner les problèmes au fur et à mesure qu'ils se présentent. Je suis fière de ma relation avec mes enfants qui est empreinte d'écoute, d'échange, de confiance, d'humour et de connivence, de compassion et de respect. Je suis fière de mes enfants.

Malgré le sentiment omniprésent de culpabilité qui m'habite, je n'hésite pas à prendre des mesures qui éventuellement nous font du bien à tous. Je crois que l'équilibre entre mon sentiment de culpabilité et mon sentiment d'avoir pris de bonnes décisions m'aidera à poursuivre ma mission encore un peu.

J'ai réalisé, il y a bien longtemps, que j'avais besoin que ma vie soit organisée et structurée pour trouver une certaine paix intérieure, un sentiment d'ordre et d'emprise sur mon environnement. Dans le désordre, mon esprit s'éparpille et je crains alors d'oublier des choses importantes. Avec deux jeunes enfants, je peux vous dire que l'ordre et la structure en prennent un bon coup et je dois chercher ailleurs la paix intérieure.

J'apprends à être parent tous les jours. J'apprends de ce que j'ai aimé et de ce que j'ai connu étant moi-même enfant et j'apprends également de ce qui m'a manqué ou de ce que j'ai apprécié dans ma relation avec mes parents. J'ai toujours senti qu'il y avait de la stabilité dans notre famille et je n'ai jamais eu de crainte que mes parents divorcent. Il y avait aussi un sentiment de sécurité qui me permettait de vivre mon enfance comme elle devait être vécue. J'ai toujours senti également que ma sœur et que mon frère m'aimaient et qu'ils me seraient solidaires malgré des querelles occasionnelles, mais somme toute semblables à celles de la plupart des frères et sœurs. Je savais que mes parents m'aimaient aussi et qu'ils avaient confiance en moi. Je savais qu'ils voulaient que j'évolue et que je trouve la voie qui me rendrait heureuse.

Mes parents m'ont élevée avec les connaissances et les capacités qu'ils avaient et ils étaient préoccupés de ne pas arriver à subvenir à nos besoins. J'essaie également d'élever mes enfants au meilleur de mes capacités, avec les connaissances et l'expérience que je possède, et je m'efforce de profiter au maximum de leur présence.

Cette pensée est toujours présente dans mon esprit et il n'est pas rare que j'interrompe une tâche parce qu'un de mes enfants réclame mon attention. Je veux qu'ils sachent que les tâches ménagères ne sont pas plus importantes qu'eux. J'essaie d'être une maman *cool* vers qui ils sont portés et avec qui ils ont toujours envie de venir bavarder de ce qui les préoccupe vraiment. Je serais triste de constater que, lorsqu'ils seront rendus à l'âge adulte, je n'aie pas établi cette relation de confiance et d'ouverture qui les incitera à venir me voir pour se ressourcer ou simplement pour garder un contact essentiel à leur bien-être.

## L'ouverture d'esprit

Élever des enfants demande une bonne part d'ouverture d'esprit. Il est déjà difficile d'accepter un point de vue différent lorsqu'il vient d'un autre adulte. Lorsqu'il vient d'un jeune enfant qui a été jadis totalement dépendant de nous, cela demande une adaptation progressive. Il faut savoir différencier l'opinion divergente de la guerre de pouvoir et éviter de tomber dans le piège du parent contrôlant. Si, par exemple, j'ai en aversion une activité particulière et que mon fils semble attiré vers celle-ci, je serai naturellement tentée de le dissuader de se diriger dans cette voie par intérêt personnel et non pour son bien-être. Je n'y vois probablement que les côtés négatifs alors que mon fils y voit les avantages. C'est le propre de l'enfant d'arborer une nature optimiste. C'est aussi le propre des parents d'anticiper l'évolution de leurs enfants et parfois d'angoisser sur leur avenir en voyant trop loin. Depuis un certain temps, mon fils cadet manifestait de l'intérêt pour le scoutisme. J'avais volontairement ignoré cet intérêt car, dans ma vision sans doute erronée des choses, le scoutisme était une porte d'entrée pour l'armée et mon cœur de mère refusait d'envisager cette possibilité de carrière pour ses enfants. Je n'ai toutefois pas tenté de le décourager car, bien souvent, les efforts trop insistants suscitent un mouvement de défiance et font croître l'engouement pour cette activité.

Quoi qu'il en soit, j'ai finalement acquiescé à sa demande et il fait maintenant partie du mouvement scout de notre localité. J'aurais eu tort de me borner à lui refuser cette activité qui le passionne et depuis, il n'a jamais manqué une réunion ni une activité. Il se valorise grandement au sein de son groupe à travers les jeux qui s'y déroulent. Il est entouré d'animateurs attentifs à son développement et respectueux de sa personnalité. Il a même eu l'occasion de participer à de nombreux camps de quelques jours et s'est évidemment fait de nouveaux amis intéressants. Il démontre une grande ouverture d'esprit envers les activités proposées et envers ses nouveaux copains. Cela aurait été une erreur de ma part de ne pas tenir compte de ses goûts et de ses aptitudes. Je sens qu'il en retire beaucoup d'expériences positives dont il bénéficiera d'une manière ou d'une autre dans ses relations d'adulte. Évidemment, il a bien le temps de changer d'avis avant de faire son choix de carrière, mais j'ai tout de même le cœur plus léger depuis qu'il a exprimé l'envie d'être archéologue et non soldat. Auparavant, il avait aussi manifesté le désir d'être vétérinaire. Ce choix était peut-être en réaction à notre refus d'adopter un chien depuis bien des années.

Pour sa part, mon fils aîné est fervent d'informatique et songe à un avenir en robotique, ce qui ne l'empêche pas de développer ses aptitudes physiques au maximum en pratiquant plusieurs sports différents. Bien sûr, il avait envisagé une carrière de sportif professionnel. Mais en bons parents prudents, nous proposions qu'une autre option soit envisagée, par exemple professeur d'éducation physique ou agent de joueurs.

Nous avons dû faire preuve de beaucoup d'ouverture d'esprit lorsque est venu le temps de son inscription pour sa dernière saison de hockey. L'année précédente avait été très décevante pour lui. Après une carrière relativement modeste amorcée lorsqu'il avait cinq ans, il en était à sa première année en tant que gardien de buts. Pour diverses raisons, l'entraîneur de l'équipe avait favorisé l'autre gardien, de un an son aîné, pour les matchs de la finale et notre fils avait gardé un amer souvenir de cette saison frustrante.

L'automne suivant, il a été l'un des derniers à être choisi par les équipes locales et il se retrouvait de nouveau comme deuxième gardien de son équipe. Nous avons bien tenté de le dissuader de poursuivre ce sport cet hiver-là. Nous lui avons suggéré de s'inscrire comme joueur régulier ou de tenter sa chance au basket-ball comme quelques-uns de ses amis. Après des jours de tourment, il m'a confié ce que son idole de l'époque avait fait lorsqu'il était tout jeune. D'après lui, un responsable de hockey aurait alors dit à ce gardien de buts de renommée internationale qu'il n'avait aucun talent devant le filet. À partir de ce moment, il avait trouvé l'énergie nécessaire pour faire mentir tous ses détracteurs et s'était investi à fonds dans son sport pour devenir le meilleur gardien de buts. Oui, j'ai dû faire preuve de beaucoup d'ouverture d'esprit pour ne pas imaginer une nouvelle saison aussi décevante que la précédente et pour envisager que mon garçon allait devoir se battre à chaque partie pour faire sa place dans cette équipe et avoir un peu de plaisir au cours de l'hiver.

Finalement, cette saison s'est avéré des plus agréables en particulier à cause de la détermination de notre fils à fournir les efforts nécessaires à son développement et à sa progression au sein de l'équipe. L'ouverture d'esprit de son nouvel entraîneur y a été aussi pour quelque chose. Celui-ci, contrairement à bien d'autres, voulait d'abord et avant tout que les enfants s'amusent et acquièrent un bon esprit d'équipe.

J'ai eu raison de faire confiance à l'instinct de mon fils et je retiens la leçon pour l'avenir. Je dois parfois faire abstraction de mes peurs et de mes propres attentes pour laisser place à ses intérêts

personnels et à son instinct. Qui sait si cette décision nous mènera un jour vers l'accomplissement
d'un rêve de jeunesse de devenir un sportif professionnel avec tous les avantages s'y rattachant?

Lorsque j'assiste mes enfants dans leurs travaux
scolaires ou leurs activités de bricolage, je dois là
aussi faire preuve de beaucoup d'ouverture d'esprit. Je
suis naturellement versée vers les arts plastiques et
j'ai toujours beaucoup d'idées pour la réalisation de
leurs divers projets. Je me retiens bien souvent d'imposer ou même de suggérer mes propres idées pour
laisser le champ libre à leur créativité et ne pas
l'étouffer par une intervention trop importante. Je
vois bien souvent que leurs techniques sont labo-
rieuses mais je les laisse se creuser les méninges. La
recherche pour résoudre un problème est bien plus
constructive que l'abandon de ses idées au profit de
celles de quelqu'un d'autre.

L'ouverture d'esprit comprend aussi son lot de
patience. Je n'ai pas souvenir d'avoir éprouvé de
telles difficultés à leur âge, mais il semble que mes
fils aient la même difficulté à tracer leurs lettres de
l'alphabet correctement. Le b et le d se mélangent
constamment, aussi bien que le p et le q. Malgré
tous les trucs et tous les exercices faits tant à l'école
qu'à la maison, je ne viens pas à bout de trouver la
solution miracle pour corriger rapidement ce défaut d'écriture. Mon aîné a éprouvé ce problème
dès la maternelle et a fini par le corriger à la fin de
la quatrième année. Mon fils cadet imite en touts
points son grand frère avec ce même défaut et bien
que je m'évertue à lui rappeler les trucs – b pour
bedaine par en avant et d pour derrière par en

arrière – la situation demeure la même et aussitôt qu'il semble enfin maîtriser une lettre, il se met à en inverser une autre. À la fin de sa deuxième année, il inversait les b, d, p, q et maintenant les s. C'est décourageant! Merci à mon aîné d'avoir ouvert la voie pour le plus jeune ; je sais maintenant que ce n'est qu'une question de temps pour lui et de patience pour moi.

Cette vertu est souvent mise à rude épreuve et je dois parfois retenir mon envie de faire leurs corvées à leur place. Lorsque le souper est prêt et que je m'aperçois que le matériel scolaire d'un de mes fils est étendu à la grandeur de la table, j'ai deux options. Je peux utiliser la méthode rapide et efficace en libérant la table moi-même en quelques secondes. Ou alors, je peux prendre un chemin plus laborieux et demander à mon fils de venir ranger ses affaires. Je dois évidemment insister et réitérer gentiment ma demande en lui expliquant que je suis prête à servir le souper. Il me dit qu'il s'en vient, mais il est tellement absorbé par ce qu'il fait qu'il oublie instantanément que je viens de lui adresser la parole et je dois alors lui répéter que j'attends après lui. Il me répond pour la deuxième fois, avec un soupçon d'irritation dans la voix, qu'il a compris et qu'il s'en vient, mais il ne s'exécute toujours pas. Lorsque je vais le voir et que je lui répète, avec à mon tour un soupçon d'irritation dans la voix, que toute la famille est prête à souper et que nous ne pouvons pas passer à table parce que ses affaires occupent tout l'espace, il est alors très étonné de me voir hausser le ton et accepte à contrecœur de cesser l'activité qui le passionnait tant pour s'exécuter. Je me demande bien pourquoi il m'arrive encore d'abdiquer et d'opter pour la première solution. Il n'est pas étonnant que certaines personnes âgées aient développé l'habitude de radoter ; ils ont certainement acquis ce réflexe au cours des années où ils ont élevé leurs enfants.

# 5

# Les facteurs favorables

Il y a de toute évidence bien des avantages à rester à la maison, mais cette situation comporte également son lot d'inconvénients et de pièges. Lorsque j'ai pris la décision de quitter mon emploi pour me consacrer à mes enfants, j'ai assumé cette nouvelle responsabilité entièrement comme je l'avais toujours fait chaque fois que je commençais un nouvel emploi ou un nouveau projet. J'avais pris la décision que mes enfants auraient une très bonne maman qui saurait toujours quoi faire au bon moment. C'était le plan parfait.

À l'époque où je travaillais, il m'est arrivé de changer d'emploi pour quitter un milieu qui ne répondait plus à mes attentes et qui devenait de plus en plus oppressant au fil du temps. J'avais le choix de démissionner et de trouver un nouvel emploi. Je pouvais alors profiter d'un changement bénéfique et me libérer des aspects qui me pesaient pour faire place à un nouvel environnement de travail. Dans mes fonctions de mère de famille, je n'ai pas l'option de tout laisser tomber et de me tourner vers autre chose lorsque le poids de la responsabilité parentale est trop lourd à porter. Je dois trouver le moyen d'affronter les situations qui se présentent avec une attitude positive et éviter de dramatiser et de me sentir responsable de tout. Je trouve la tâche plus facile maintenant que mes enfants partagent la responsabilité de leurs actions. Je ne suis pas responsable des gestes qu'ils posent ni des paroles qu'ils prononcent et j'essaie de me détacher d'eux lorsqu'ils ne sont pas en ma présence. Je me suis demandé de nombreuses fois comment les parents monoparentaux pouvaient supporter le fardeau de l'éducation des enfants sans crouler sous le poids de la responsabilité qu'ils doivent assumer seuls. Mon mari est tout aussi engagé que moi auprès de nos enfants et, malgré son soutien et ses encouragements, il m'arrive encore de ne pas me sentir tout à fait à la hauteur.

Ce poids de la responsabilité parental m'amène à faire une comparaison avec l'aventure de l'accouchement. Après avoir échangé sur le sujet avec d'autres mères, il semble que plusieurs réagissent de façon similaire devant la fatalité de la situation. Lorsque le travail est commencé, il ne s'arrête pas et on doit inévitablement se rendre jusqu'à la délivrance. Après de longues heures de travail et de douleur, le découragement m'envahissait et j'aurais donné n'importe quoi pour pouvoir tout arrêter et dire au médecin : « On arrête, c'est assez pour aujourd'hui, je rentre chez moi me reposer jusqu'à demain. » J'avais frappé le mur. Il me fallait trouver le moyen de continuer et de combattre le découragement.

Maintenant, lorsque je suis habitée par le doute, j'évite d'extrapoler les difficultés dans l'avenir. Malgré quelques appréhensions, c'est avec optimisme que j'entrevois l'étape de l'adolescence, ces années de désir d'indépendance, de détachement progressif, de recherche d'une identité propre par opposition à celle des parents, des divergences d'opinions et des dangers que comportent les expériences de toute nature. Je me rappelle très bien les nuits d'inquiétude de ma mère quand un de ses enfants rentrait en retard, qu'elle ne savait pas où il était et qu'elle n'avait aucun moyen de le joindre. Il me semble qu'il y avait un manque de communication entre nous, et je souhaite que mes enfants gardent la bonne habitude de me dire où ils vont, avec qui ils sont et à quelle heure ils pensent rentrer. Je sais bien que je ne disais pas toujours tout sur mes allées et venues, surtout lorsqu'il s'agissait d'aller rejoindre des amis ou d'assister à des activités que mes parents désapprouvaient. L'adolescence est l'âge des expériences ; certaines seront bénéfiques et d'autres plus risquées. La plupart des expériences négatives que j'ai faites étaient reliées aux amis que je fréquentais et comme je n'avais pas beaucoup confiance en moi à cette époque, j'étais passablement influençable.

Évidemment, je base l'éducation de mes enfants sur ce que je connais et j'essaie de prévoir les outils dont ils auront besoin pour combattre les pièges dans lesquels je suis tombée, comme l'influence négative des amis. Malgré mes bonnes intentions, je ne peux pas tout prévoir. Dans ma jeunesse, Internet n'existait pas et ne représentait pas un risque. Pour eux, bien que ce soit un outil d'information et de communication incomparable, c'est aussi une source de risques grandissante dont nous continuons à découvrir les pièges au fur et à mesure de son expansion dans notre société. Les jeunes sont maintenant exposés à la dépendance à leur ordinateur, aux rencontres virtuelles risquées avec des individus mal intentionnés, à l'exposition à la pornographie, aux casinos virtuels et aux achats compulsifs en ligne. Je persiste à croire que peu importe les difficultés auxquelles ils feront face à l'adolescence, la clé réside dans la confiance qu'ils ont en eux et dans la force de la relation que nous entretenons avec eux. Plus il est facile pour eux de partager leurs préoccupations avec nous, plus nous avons de chances qu'ils conservent cette habitude lorsque la partie sera plus corsée. Bien que l'importance de l'opinion des parents soit en chute libre à l'adolescence, il y a des chances que les enfants la sollicitent tout de même en situation de crise, s'ils ont expérimenté des échanges enrichissants et positifs dans leur enfance.

Pour une mère de famille désireuse de rester à la maison afin de profiter davantage de ses enfants, ce n'est pas tout de vouloir se retirer du monde du travail et d'en avoir les moyens financiers. Plusieurs autres facteurs sont favorables à ma situation de mère à temps plein. D'abord, la relation que j'ai avec mon conjoint est basée sur le respect et sur la valorisation. Mon conjoint m'a connue au travail. Il a été témoin de mon évolution, de mes ambitions et de l'atteinte d'objectifs importants au cours des dix années où nous avons été un couple sans enfants. Par son soutien et ses encouragements, il a même été un facteur important pour renforcer ma confiance et me permettre de cheminer, de convoiter et d'obtenir l'avancement auquel j'aspirais. Cette perception qu'il avait alors est toujours la même à l'égard de mes nouvelles tâches. Il voit maintenant ces mêmes qualités et aptitudes mises au profit de nos enfants et des relations familiales. Il trouve encore que je suis « extraordinaire » comme mère et aussi comme femme. Étant donné que j'en suis à ma première expérience avec l'écriture, il est sans doute habité par un certain doute malgré ses encouragements et son soutien inconditionnel. Lorsqu'il m'a demandé s'il arrivait que je cite les noms des gens dont je parle dans ce livre, je lui ai promis, pour le rassurer, que dans aucun passage je ne mentionnais son nom s'il était question de lui. Promesse tenue!

Malgré son soutien et son affection, je dois composer avec ma propre valorisation. L'élément incertain de l'équation, c'est moi. Je traverse de temps en temps des périodes de doute quant à la perception de mon rôle. J'avoue que je suis encore influencée par le regard des autres. Il y a toujours au fond de moi un soupçon de malaise de ne plus faire partie de la mêlée, d'être de celles qui ont décroché du marché du travail et qui font l'objet de toutes sortes de perceptions négatives. Je connais cette pensée toute féminine qui était la mienne avant la naissance de mon cadet. Je cumulais travail et famille comme bien d'autres femmes et je me valorisais du fait que j'arrivais à garder la tête hors de l'eau la plupart du temps. Et, comme plusieurs, je ressentais de la frustration sur les deux plans. Je sentais le besoin de prouver plus que jamais à mes confrères de travail et à mes employeurs que j'étais toujours aussi performante qu'auparavant, que j'avais la capacité de gérer ma vie de mère de famille et de faire abstraction de mes émotions maternelles pour réussir aussi bien qu'eux dans mes fonctions professionnelles. D'un autre côté, je trouvais pénible d'imposer mon rythme de travail à un jeune enfant. Je regrettais de n'avoir pas plus de temps pour profiter de lui, le regarder, le cajoler, le faire rire et surtout lui faire comprendre qu'il était important et qu'il était aimé par sa maman.

Mon mari et moi avons également une relation financière indispensable à ma situation. Elle n'est pas empreinte d'un sentiment de dépendance qui irait à l'encontre de ma nature. Je n'ai pas l'habitude d'être dépensière mais je vis comme tout le monde dans cette ère de surconsommation et de publicité à outrance et je suis chargée de pourvoir aux besoins matériels de toute la famille. Jamais dans ces années d'arrêt de travail mon mari ne m'a fait sentir que je lui étais redevable financièrement et il a toujours démontré un grand respect pour mes besoins personnels. Qu'il s'agisse de mes fonds de retraite, de ma voiture, de mes soins personnels, de mes sorties et activités, il va généralement au-devant de mes désirs et est toujours heureux de me voir prendre soin de moi.

Un autre facteur important à considérer par la future mère à la maison est sa capacité à rester seule. Bien que j'entretienne les amitiés que j'ai développées au cours de ma vie d'adulte et que ce soit un plaisir de me retrouver avec des amis lors de sorties au restaurant ou d'activités sportives ou culturelles, je suis très à l'aise également dans la solitude. Je ne sens pas le poids du vide et je dirais que j'en ai besoin pour garder mon équilibre. Mon mari sourit toujours lorsqu'il regarde une émission de télé où un des personnages éteint justement la télévision lorsque l'émission qu'il regardait est terminée. Pour lui, la télévision est un élément d'ambiance et n'a jamais besoin d'être éteinte. C'est même une occasion d'exercer un peu son pouce droit, nettement plus musclé que le gauche. Durant la journée, lorsque je suis seule à la maison, la télévision et la radio sont éteintes. Le silence me détend et je m'adonne facilement à toutes mes tâches sans bruit de fond, pas même de musique. J'ai travaillé durant sept années dans une station de radio que je devais écouter en permanence pour superviser les campagnes publicitaires de mes clients. Je pense que j'ai fait une overdose musicale et, aujourd'hui, j'ai besoin de ce silence relaxant pour trouver mon équilibre. Sauf les fins de semaine, j'ai aussi pris l'habitude d'éteindre la télé lorsque les enfants sont avec moi pour stimuler les activités familiales et favoriser l'heure des devoirs.

Autant j'aime bavarder quand l'occasion s'y prête, autant je suis à l'aise de garder le silence durant toute une journée. J'avais d'ailleurs de la facilité à mettre en pratique une notion de négociation apprise dans un cours sur la vente. On nous enseignait entre autres choses à nous taire et à laisser au client le temps de répondre aux questions. C'était pour moi une évidence mais, semble-t-il, une erreur commise fréquemment chez plusieurs débutants ainsi que chez

des représentants nerveux et mal à l'aise en présence d'un important client. Je me rappelle avoir in-
terrogé un client sur le montant du budget qu'il
voulait investir dans sa campagne publicitaire. Il s'est
écoulé près de deux minutes avant qu'il ait fini sa réflexion. C'est long deux minutes de silence entre
deux personnes qui négocient! Mais je n'ai pas senti
de malaise et j'ai bien aimé sa réponse. Il avait pris le
temps d'évaluer ma proposition pour une période de
douze mois plutôt que pour trente jours comme je
le lui avais proposé. Il m'indiquait donc qu'il était
prêt à investir douze fois plus d'argent que ce que
j'avais envisagé. Voilà deux minutes fort bien payées!

Je suis de nature indépendante, ce qui signifie que
je n'ai pas besoin des autres pour faire ce que je dois
et ce que je veux faire. J'aime cette sensation de liberté. Par exemple, lorsque j'ai le goût de jouer au
golf, je me réjouis d'avoir l'occasion d'y aller avec
des amis. Mais, si je suis seule, cela me convient
aussi. Je suis à l'aise de me retrouver avec trois étrangers sur le tertre de départ et j'avoue qu'après le dix-
huitième trou, il y a de fortes chances pour que nous
ne soyons plus des étrangers à proprement parler. J'ai
bien du plaisir à profiter d'une belle journée d'été, à
labourer les allées des terrains de golf sans que personne que je connaisse n'en soit témoin. Il en va de
même pour le cinéma, les restaurants, la planche à
neige ou les balades à vélo. Et j'avoue que je n'ai pas
beaucoup d'amies disponibles les jours de semaine.
Être à l'écart du marché du travail comprend sa part
de solitude, en particulier lorsque les enfants ont fait
leur entrée à l'école. Pour moi, il s'agit d'une occasion de relaxation et de réflexion et j'apprécie

chaque instant qui m'est offert. Après tout, il n'en tient qu'à moi de sortir de cet isolement quand bon me semble.

Un autre élément fondamental propice à ma situation est mon intérêt pour une foule de choses différentes. Ma liste de choses à faire avant de retourner sur le marché du travail ne fait que s'allonger au fil des ans et je ne vois pas le jour où elle sera épuisée. Il y a même plein de choses que je ne fais pas parce que je n'ai pas le temps. Ma mère me dirait plutôt que j'ai le temps mais que je ne les mets pas en priorité sur ma liste et elle a bien raison. J'aimerais par exemple retourner aux études, pas dans le but d'obtenir un diplôme, mais plutôt pour approfondir d'autres sujets qui m'intéressent comme la psychologie, la littérature, les langues et la menuiserie. Retourner aux études serait une occasion de m'attaquer à un regret qui m'habite depuis longtemps. Je n'ai pas fait d'études universitaires et j'en ressens encore de la gêne aujourd'hui. Cela explique assez bien mon besoin de lire et de m'instruire continuellement.

Mon mari, qui a terminé des études universitaires me répète que les études représentent très peu de choses dans ce qui compose la valeur d'une personne. La culture et les qualités fondamentales valent plus que tous les diplômes du monde.

C'est bien là le discours de quelqu'un qui a fait des études. On court toujours après ce qu'on n'a pas. Comme je n'ai pas de reconnaissance scolaire, j'ai travaillé sans relâche et j'ai tenté de dépasser les attentes des gens qui m'entourent pour me convaincre de ma valeur. Je crois que ma sœur aînée a traîné longtemps ce même sentiment car, après vingt-cinq ans de service, elle a quitté son emploi, pourtant bien rémunéré, pour entreprendre deux années d'études universitaires à temps complet afin d'obtenir le diplôme qui lui a tant manqué dans sa vie professionnelle. Je sais bien qu'elle ne vise pas une récompense monétaire par ce sacrifice. Elle combat la frustration de ne pas être reconnue comme la professionnelle qu'elle est, et cet accomplissement lui permettra de prouver sa valeur et d'envisager son prochain emploi avec davantage de confiance.

D'un autre côté, aucun diplôme ne m'apporterait autant de satisfaction que d'avoir été une présence significative dans la vie de mes enfants. Bien que je sois parfois embarrassée par ma culture déficiente lorsque mes enfants n'en finissent plus avec leurs questions de plus en plus difficiles, je compense par mes aptitudes de réflexion, d'écoute et de générosité envers eux. Les aider à devenir des individus qui feront leur marque dans notre société est essentiel et, pour l'instant, tout le reste me semble secondaire. Fournir un service à un client pour gagner un salaire ne peut soutenir la comparaison avec fournir un environnement sécuritaire et stimulant à un enfant pour nourrir son corps et son esprit. On n'élève pas des enfants. On élève de futurs adultes.

Il me semble que la vie n'est pas faite pour seulement travailler dur et espérer avoir quelques années de repos à l'âge de la retraite. Je veux plutôt la vivre pleinement et profiter de tout ce qui existe autour de moi au fur et à mesure que les événements se présentent.

Dans le cadre d'un emploi que j'occupais dans mes premières années de mariage, il m'arrivait de vivre des périodes léthargiques, c'est-à-dire que mon niveau de productivité était si bas que j'étais incapable, pour quelques jours, de faire face à mes fonctions de représentante. Je n'arrivais pas à trouver en moi l'énergie nécessaire pour aller rencontrer des clients et encore moins pour en chercher de nouveaux. Cela ressemble au marathonien qui atteint le « mur » à un certain moment de la course. Il doit se concentrer sur ses fonctions vitales, sa respiration et le rythme de ses enjambées pour franchir cette étape et trouver un regain d'énergie qui lui permet de poursuivre sa course. Je réalise aujourd'hui qu'il s'agit d'un phénomène commun à bien des représentants. J'avais pris l'habitude de combler ces périodes d'improductivité en me concentrant sur le service à la clientèle ou sur le travail de bureau en attendant que l'épisode passe. Il en va de même pour mes fonctions de mère à temps plein. Certaines journées, mon niveau d'énergie est au plus bas et aucune activité n'est assez intéressante pour me faire sortir de mon fauteuil. Même mes activités préférées me semblent une corvée et j'ai encore moins le goût de me consacrer aux tâches ménagères. Je ressens un certain embarras à avouer que je n'ai rien fait de toute une journée, quoique ce soit justement une prérogative de ma condition de maman à temps plein. Et peut-être même une obligation! Hé oui! J'ai l'obligation de me reposer si je suis fatiguée pour être en forme et disponible lorsque les enfants rentreront de l'école. Avouer ce crime à des copines qui travaillent à temps plein à l'extérieur tout en prenant soin de leurs enfants et dont le revenu est indispensable aux finances familiales est impossible. On ne s'en plaint surtout pas et on écrit un livre pour avoir l'occasion d'exprimer autrement toutes ces réflexions qui sont peut-être partagées par bien d'autres mères au foyer. Je crois que ce serait un avantage pour les mères de famille de profession de s'entourer de gens qui vivent et comprennent leur situation. Elles pourraient partager leur vision et s'encourager mutuellement à poursuivre leur mission.

Les plus belles paroles d'encouragement quant à ma vocation de mère à temps plein me sont venues de mon mari. C'est un homme sensible qui s'attarde aux mêmes détails que moi en ce qui concerne le bien-être de nos enfants. Il est tout aussi attentif à leur confort émotif et à leurs aptitudes sociales et s'assure d'être présent dans toutes les étapes importantes de leur développement. Il me rassure constamment dans mes capacités à mener à bien cette entreprise et semble vraiment penser que je suis une bonne mère.

Mais je dois avouer que le commentaire qui m'a le plus touchée sur cet aspect de ma vie était tout simple et venait de ma mère. Elle m'a dit qu'elle était fière de moi, qu'elle pensait que j'étais une bonne mère et que mes enfants étaient chanceux de m'avoir. C'est une marque de reconnaissance inestimable d'une mère à sa fille. Même dans la quarantaine, la reconnaissance de ma mère me touche profondément et va me porter encore longtemps, tout autant je l'espère que lorsque je regarde un de mes fils dans les yeux pour lui dire à mon tour que je suis fière de lui.

Ma préoccupation de réintégrer le marché du travail n'est pas encore très importante. J'ai plutôt le souci de demeurer disponible pour mes enfants et de m'adapter à leur horaire scolaire plutôt contraignant pour un éventuel employeur. Je crois que j'ai davantage besoin de me trouver une niche, une activité professionnelle qui stimule l'effort intellectuel. Pour l'instant, ce travail d'écriture me plaît passablement et convient aussi bien à mon horaire restreint qu'à mes pulsions de philosophe.

# 6

# Conclusion : et alors?

Que font ton papa et ta maman? Bien sûr, j'aimerais que mes enfants puissent répondre à cette question sans ressentir de l'embarras. J'aimerais qu'ils soient fiers de leur maman. Que peuvent-ils répondre d'autre que «Papa travaille et maman reste à la maison»? Peut-être : «Grâce à maman, j'ai le droit de vivre mon enfance dans l'insouciance et elle m'accorde tous les jours des périodes merveilleuses où je laisse mon esprit s'évader dans des petits coins de paradis que moi seul connais.» Ou encore : «Ma mère gère une entreprise manufacturière qui aura mis près de vingt-cinq ans à produire seulement deux spécimens d'être humains de luxe, nouveaux et améliorés.» Ou tout simplement : «Ma mère s'occupe de moi et je sens qu'elle m'aime beaucoup.» Moi aussi, il m'arrive de laisser mon esprit s'évader et de me retrouver dans un petit coin de paradis où je m'imagine que je suis une bonne mère.

J'ai fait le bon choix et j'aime tous les aspects de mon rôle de mère de famille. Je connais bien mes enfants parce que je partage leur vie et que je suis là pour tous les moments importants et aussi pour les autres petits moments qui remplissent notre quotidien et qui se soldent en relation de qualité. Il me reste encore à assumer mes doutes. Je me suis toujours cru très émancipée et habitée d'une grande confiance en moi. Je constate que je n'y suis pas tout à fait et que j'ai encore du chemin à faire. La vraie émancipation, c'est de faire ce qu'on pense être bien pour soi sans culpabilité et sans remords. Ma mère avait pourtant ouvert la voie avec ses valeurs d'égalité et elle a mis ses principes en pratique auprès de ses enfants. Contrairement à ses frères, le mien a toujours dû contribuer aux corvées ménagères au même titre que ma sœur et moi.

Le véritable dessein derrière ce livre serait-il de me donner les moyens de tricher encore un peu en ayant l'air d'être productive puisque je suis écrivaine en plus d'être mère de famille ? S'agirait-il d'une thérapie douce, d'une méthode de retour au travail progressif. Ma mère s'est mise à l'écriture à l'heure de sa retraite. Elle n'avait pas eu le loisir de donner libre cours à ses champs d'intérêt avant ce tournant de sa vie. Elle avait fait de sa famille, puis de sa carrière ses priorités. Son cheminement m'inspire et m'influence plus que je n'imaginais. Lorsque je lui ai fait part de mon désir de me mettre à l'écriture, elle m'a rédigé une jolie note d'encouragement empreinte de la sagesse qui la caractérise. Elle m'a confié entre autres que le plus difficile était d'être vraie et d'éviter de se censurer. Il me semble à présent que dans toutes ces années où je travaillais à temps plein et que je participais à cette course exténuante contre la montre, je n'avais pas eu l'occasion de savoir qui j'étais vraiment. Au contraire, je m'évertuais à censurer ce que j'étais pour répondre aux attentes de tous ceux qui se trouvaient sur ma liste de gens à satisfaire.

Comme tous les enfants qui ont besoin de faire partie du groupe, les mères de famille de profession se sentent à part. Avant les années soixante, les femmes élevaient leurs enfants et c'est ce qu'on attendait d'elles. Dans les décennies qui ont suivi, elles ont intégré le marché du travail pour trouver la valorisation qui leur avait tant manqué depuis la nuit des temps. On peut me jeter la pierre, car j'ai fait partie de ces femmes qui travaillaient de longues heures pour atteindre un statut de productivité reconnu par leur entourage. Cette reconnaissance professionnelle ainsi que mon apport financier à la maison étaient ma récompense à ce moment. Mais que reste-t-il de cette reconnaissance professionnelle à l'âge de la retraite? Qu'est-ce qui peut bien avoir plus de valeur que de mettre au monde et d'élever la prochaine génération et d'essayer d'en faire des êtres responsables et positifs pour poursuivre le cycle de l'évolution?

Le fait qu'il y ait peu de femmes dans ma situation autour de moi est un élément important des doutes et des remises en question qui m'habitent aujourd'hui. La plupart de mes amies, mères de famille ou non, travaillent à l'extérieur. Certaines admettent pourtant que, si elles avaient les moyens de quitter le rythme étourdissant du boulot, elles le feraient sans hésiter. Elles rêvent de pouvoir se lever tard le matin et de savourer leur café dans la balançoire, de s'adonner à de simples activités de jardinage ou de décoration ou encore de pouvoir faire davantage d'activité physique.

Dans mes premières années de mère à la maison, j'avais une copine dans la même situation que la mienne. Nous avions travaillé ensemble et, tout comme moi, elle avait quitté son emploi à la naissance de son deuxième enfant. Elle m'a d'ailleurs donné de bons conseils et un merveilleux soutien dans mon nouveau rôle de mère. Elle aussi avait toujours été très active et démontrait beaucoup d'enthousiasme dans son travail. J'avais donc une référence qui m'encourageait à croire que c'était la bonne chose à faire. Depuis quelques années cependant, elle a réintégré le marché du travail dans un domaine qui la passionne vraiment. Je ne crois pas qu'elle se doute que son cheminement m'influence autant.

Je suis privilégiée et profiteuse à la fois. Je suis privilégiée d'avoir pu faire ce choix important et j'ai profité de la présence de mes enfants qui m'ont beaucoup appris sur la vie et sur qui je suis. Je suis privilégiée d'avoir le temps de réfléchir à l'avenir et je vais profiter des prochaines années pour développer mes aptitudes créatives, en particulier avec l'écriture.

Certains hommes affirment que l'émancipation des femmes les a profondément déstabilisés et qu'elle les maintient dans un état d'incertitude quant à leur nouveau rôle et à leurs relations de couple. Je crois que ce sont plutôt les enfants qui en paient le véritable prix. Ils sont maintenant soumis aux contraintes engendrées par le stress lié au rendement professionnel de leurs deux parents. Les prochaines décennies seront-elles témoin d'une revanche des berceaux nouveau genre? Les enfants revendiqueront-ils leur droit à une enfance insouciante et au retour de leur mère au foyer? Parce qu'on les prive de ce qui constitue l'essence de l'enfance, leur avenir est compromis et ils se heurteront à l'incapacité de vivre une vie équilibrée et de goûter au bonheur des choses simples.

Je continue ma route et j'ai confiance que l'avenir m'apportera le sentiment de réussite nécessaire à l'apaisement de mes remises en question. L'écriture de ce livre est une activité qui me plaît et qui convient bien à ma situation. Elle sollicite mes capacités intellectuelles et me permet aussi de partager mes réflexions avec d'autres adultes.

En ce début d'été, j'effectue les dernières corrections et je sais déjà que je n'aurai pas de remise en question l'automne prochain, car je viens d'amorcer l'écriture d'un second ouvrage. Ce roman semble déjà passionner ma sœur ma plus grande admiratrice que j'aime beaucoup et qui me supplie de me dépêcher de l'écrire. Elle meurt d'envie de savoir ce qui arrivera à Léo, le personnage principal, qu'elle a découvert dans les cinq premières pages dont elle a dû se contenter.

Si vous êtes en pleine réflexion quant à votre situation professionnelle et familiale, je vous suggère de faire une liste de vos priorités. Si vos enfants sont au haut de cette liste, je suis persuadée que le plus beau cadeau que vous puissiez leur offrir, c'est la présence de leur mère.

Le jour de paie de la mère de famille vient beaucoup plus tard, lorsque ses enfants deviennent des adultes heureux et qu'ils lui sont reconnaissants de son dévouement. Puisons notre valorisation dans leur bien-être et leur développement et n'attendons pas l'assentiment de nos congénères s'il n'est pas disponible autour de nous. Nos enfants nous le rendront bien, en particulier lorsqu'ils seront parents eux-mêmes.

Et cessons de culpabiliser!

# Suggestions de lecture

Fitzhugh Dodson, *Tout se joue avant six ans*, Paris, Marabout, 1984, 316 p. Quoique le titre alarmiste puisse créer une certaine angoisse, cet ouvrage m'a sensibilisée à l'importance d'aider mes enfants à développer au maximum leurs aptitudes sociales et intellectuelles à l'âge préscolaire.

Adele Faber, Elaine Mazlish, *Jalousies et rivalités entre frères et sœurs*, Alleur, Marabout, 1991, 214 p. Cet ouvrage pratique s'est avéré d'un très grand secours pour m'apprendre à réagir efficacement lors des querelles entre mes enfants. J'ai découvert entre autres que, bien souvent, mes propres réactions envenimaient la situation en désignant un gagnant et un perdant.

Nicole Doré, *Mieux vivre avec son enfant : de la naissance à deux ans*, Montréal, Institut national de la santé publique du Québec, 1938 (2001 pour la réédition), 432 p. Un incontournable recueil de conseils et d'information à lire et relire avant et après la naissance des enfants. On y traite d'alimentation et de soins élémentaires aux nouveau-nés jusqu'à l'âge de deux ans.

Anne Bacus, *Votre enfant de trois à six ans*, Alleur, Marabout, 1995, 287 p. J'ai trouvé dans ce livre beaucoup de réponses rassurantes. L'expérience d'autres parents dans cette étape importante du développement des jeunes enfants m'a permis de garder confiance en mes capacités d'élever des enfants heureux.

Adele Faber, Elaine Mazlish, *How to talk so kids will listen & listen so kids will talk*, New York, Avon Books, 1982, 242 p. Ce livre écrit dans une langue simple m'a appris à reconnaître et à refléter les sentiments émis dans les propos de mes enfants. Par cette façon de les «écouter», ils comprennent que je les aime et que leurs sentiments sont importants pour moi. La vraie communication peut alors s'établir.

Joe-Ann Benoit, *Le défi de la discipline familiale*, Outremont, Québécor, 1997, 221 p. La discipline familiale m'apparaissait essentielle et les conseils de l'auteure m'ont aidée à découvrir et à adapter mon propre style d'intervention disciplinaire auprès de mes enfants.

Sarah Lawson, *Votre enfant est-il victime d'intimidation?*, Montréal, Éditions de l'Homme, 1996, 158 p. J'ai fait cette lecture de façon préventive et j'ai eu l'occasion d'en appliquer certains principes pour régler une situation pénible survenue à l'école et pour redonner confiance à mon fils de huit ans. Cet ouvrage permet de démystifier l'intimidation, de comprendre les comportements des victimes comme des agresseurs et de poser des gestes concrets pour en briser le cercle vicieux.

Jay McGraw, *Closing the gap*, New York, Fireside, 2001, 195 p. J'ai aussi fait cette lecture de manière préventive pour éviter de créer un fossé infranchissable avec mes enfants à l'adolescence. L'auteur, un «ancien ado», traite directement du lien qui unit les adolescents à leurs amis et leurs parents. Il nous aide à redécouvrir l'amour parfois voilé par les inévitables divergences d'opinion de cet âge ingrat.

Claude Rivard, *Conseils pratiques pour réussir au secondaire*, Sainte-Foy, Éditions Septembre, 1995, 94 p. J'ai trouvé dans ce livre quelques conseils pratiques permettant entre autres d'aider mes enfants à gérer efficacement leurs périodes d'étude et de travaux scolaires.

# Remerciements

Merci à tous les membres de mon comité de lecture pour leur précieuse contribution, particulièrement à ma sœur Michelle, à mon frère André et, bien sûr, à ma mère Pierrette. Merci à Daniel, mon mari et complice, pour ses encouragements et son soutien inconditionnel, tant dans ma profession d'écrivaine que dans celle de mère de famille. Merci à Sylvain pour sa confiance et sou ouverture d'esprit.

Et merci à Francis et Dominic d'être une source constante d'inspiration et de remplir ma vie de moments merveilleux.